式の計算

単《たん》項《こう》式《しき》と多《た》項《こう》式《しき》・式の次《じ》数《すう》

月　　日

1 次のア～カの式について、単項式と多項式にそれぞれ分けなさい。

ア	a^3	イ	$4x+7$	ウ	$8mn-3$
エ	x^2-5x+2	オ	$-6ab^2$	カ	$\frac{1}{4}xyz$

単項式〔　　　　　　〕　　多項式〔　　　　　　〕

2 次の多項式の項《こう》をすべて答えなさい。

(1)　$2x+9$

〔　　　　　　〕

(2)　$4a^2-6a+5$

〔　　　　　　〕

3 次の単項式の次数を答えなさい。

(1)　$7x$

〔　　　　　　〕

(2)　$-3a^2b$

〔　　　　　　〕

4 次の多項式は何次式ですか。

(1)　a^2b+abc^2

〔　　　　　　〕

(2)　a^2+6a-9

〔　　　　　　〕

(3)　$2xy-8x^2y+5x^3y$

〔　　　　　　〕

(4)　$3x-4x^3y^2-7y^2$

〔　　　　　　〕

＼ヒント／

2 (2) 単項式の和の形で表すと、$4a^2+(-6a)+5$ となります。

4 各項の次数のうちで最も大きいものが、その多項式の次数になります。

解答 ➔ P.101

何問できた？

10問中　　　問

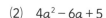

式の計算

多《た》項《こう》式《しき》の加法と減法①

月　日

1 次の式で、同《どう》類《るい》項《こう》を答えなさい。

(1) $3x+4y+6x+2y$

(2) $9a^2-5a-a^2+7a$

2 次の計算をしなさい。

(1) $5x+6y-3x+4y$

(2) $2a+8b-4a-b$

(3) $x-5y-2x+7y$

(4) $3x^2-7x+9x^2-2x$

(5) $4ab-9b-8ab-2b$

(6) $2xy+4y-7y-8xy$

(7) $\frac{1}{3}x+4y-\frac{1}{4}x-5y$

(8) $\frac{5}{8}a-\frac{4}{5}b+\frac{1}{2}a+\frac{2}{3}b$

\ヒント/

1 文字の部分が同じである項《こう》を同類項といいます。

2 分配法則 $ax+bx=(a+b)x$ を使って、同類項を1つにまとめます。

何問できた？

10問中　問

解答 → P.101

式の計算

多《た》項《こう》式《しき》の加法と減法②

月　日

1 次の計算をしなさい。

(1) $(5x-3y)+(6x+2y)$

〔　　　　〕

(2) $(4a+3b)+(2a-b)$

〔　　　　〕

(3) $(12ab-2a)+(-3ab+6a)$

〔　　　　〕

(4) $(x^2-4x)+(9x^2-3+8x)$

〔　　　　〕

(5) $(7a+5b)-(8a+2b)$

〔　　　　〕

(6) $(3x+10y)-(6x-4y)$

〔　　　　〕

(7) $(4a^2-8a)-(-a^2-7a)$

〔　　　　〕

(8) $(2xy-5+x)-(3xy+10x-8)$

〔　　　　〕

2 次の計算をしなさい。

(1)
$$\begin{array}{rr} & 2x+7y \\ +) & 3x-4y \\ \hline \end{array}$$

(2)
$$\begin{array}{rr} & -3a-9b \\ -) & 4a-5b \\ \hline \end{array}$$

＼ヒント／

1 加法…そのままかっこをはずし、同類項《どうるいこう》をまとめます。
減法…ひく式の各項《かくこう》の符号《ふごう》を変えてかっこをはずし、同類項をまとめます。

解答 → P.101

何問できた？

10問中　　問

式の計算

多《た》項《こう》式《しき》の計算①

月　日

1 次の計算をしなさい。

(1) $2(3x+5y)$

(2) $4(6a-2b)$

(3) $-3(9x+4y)$

(4) $6(-5x+8y)$

(5) $-2(-7a-6b+3)$

(6) $5(2x+7y-4)$

2 次の計算をしなさい。

(1) $(8a+10b)\div 2$

(2) $(25x+30y)\div(-5)$

(3) $(42x-12y)\div(-6)$

(4) $(15a-24b)\div\dfrac{3}{4}$

＼ヒント／

1 (数)×(多項式)は、分配法則を使って計算します。

2 (多項式)÷(数)は、乗法になおすか、分数の形になおして計算します。

解答 → P.102

何問できた？　10問中　　問

多《た》項《こう》式《しき》の計算②

月　日

1 次の計算をしなさい。

(1)　$3(3a+7b)+2(4a-5b)$

〔　　　　　〕

(2)　$4(x-6y)+5(2x+5y)$

〔　　　　　〕

(3)　$6(2a+3b)-2(9a-2b)$

〔　　　　　〕

(4)　$3(8x-5y)-4(3x-y)$

〔　　　　　〕

2 次の計算をしなさい。

(1)　$\dfrac{5a-4b}{2}+\dfrac{3a+5b}{4}$

〔　　　　　〕

(2)　$\dfrac{6x+4y}{5}-\dfrac{2x-3y}{3}$

〔　　　　　〕

＼ヒント／

1 分配法則を使ってかっこをはずしてから、同類項《どうるいこう》をまとめます。
2 通分して１つの分数にまとめてから、同類項をまとめます。

何問できた？　6問中　　問

単《たん》項《こう》式《しき》の乗法と除法①

月　日

1 次の計算をしなさい。

(1) $3x \times 2y$

(2) $(-4a) \times 6ab$

(3) $(-7xy) \times (-3y)^2$

(4) $16ab \div 2b$

(5) $20x^2y \div (-4x)$

(6) $\frac{1}{4}a^2b^3 \div \left(-\frac{5}{6}a^2b\right)$

2 次の計算をしなさい。

(1) $18a^2b \div 9ab^2 \times 5b$

(2) $(-36x^2) \times 6y \div 8xy$

(3) $42xy^2 \div 2xy \div \left(-\frac{7}{4}y\right)$

(4) $\left(-\frac{8}{3}a^2b\right) \times 12ab^2 \div \left(-\frac{4}{5}ab\right)^2$

\ヒント/

1 乗法は係数の積に文字の積をかけて、除法は分数の形になおして計算します。
(6) 逆数をかける形にして計算します。

2 除法は分数の形にして、乗法だけの式になおして計算します。

何問できた？

10問中　　問

解答 → P.102

式の計算

単《たん》項《こう》式《しき》の乗法と除法②

月　　日

1 $x=2$、$y=-5$ のとき、次の式の値を求めなさい。

(1) $12x^2y\div(-4x)$　〔　　　〕

(2) $(-28x^3y^2)\div 7xy$　〔　　　〕

(3) $(-8x^2y)\times 15y\div 20xy^2$　〔　　　〕

(4) $9x^2y^2\div(-18x^2y)\times 6y$　〔　　　〕

2 $a=3$、$b=-\dfrac{3}{4}$ のとき、次の式の値を求めなさい。

(1) $(-48ab)\div 6a$　〔　　　〕

(2) $20a^3b^2\div(-5a^2b)$　〔　　　〕

(3) $8ab^2\div(-14a^2b)\times(-21ab)$　〔　　　〕

(4) $4ab^2\times(-6a^2b^2)\div 3ab^3$　〔　　　〕

＼ヒント／

1 式を簡単にしてから数を代入します。

何問できた?

8問中　　　問

文字式の利用①

月　日

1 **5の倍数どうしの和は5の倍数になることを、次のように説明しました。［　　］にあてはまる数やことばを書きなさい。**

〔説明〕　m、n を整数とすると、2つの5の倍数は、［①　　］m、［②　　］n と表される。

それらの和は、

［①　　］m＋［②　　］n＝［③　　］$(m+n)$

$m+n$ は［④　　］だから、［③　　］$(m+n)$ は5の倍数である。

したがって、5の倍数どうしの和は5の倍数になる。

2 **連続する3つの整数の和は3の倍数になることを、次のように説明しました。［　　］にあてはまる数や式を書きなさい。**

〔説明〕　最も小さい整数を n とすると、連続する3つの整数は、n、$n+1$、［①　　］と表される。

それらの和は、

$n+(n+1)+($［①　　］$)=3n+$［②　　］

$=3($［③　　］$)$

［③　　］は整数だから、3(［③　　］)は3の倍数である。

したがって、連続する3つの整数の和は3の倍数になる。

＼ヒント／

1 n を整数とすると、ある整数 a の倍数は、an と表されます。

2 n を整数とすると、連続する整数は、n、$n+1$、$n+2$、……と表されます。

何問できた?

7問中　　問

文字式の利用②

月　　日

1 2けたの自然数と、その数の十の位の数と一の位の数を入れかえた数との和は11の倍数になることを、次のように説明しました。
［　　　］にあてはまる式を書きなさい。

〔説明〕もとの数の十の位を x、一の位を y とすると、

もとの数は［①　　　］、入れかえた数は［②　　　］と表される。

それらの和は、(［①　　　］)＋(［②　　　］)＝［③　　　］

［④　　　］は整数だから、［③　　　］は11の倍数である。

したがって、2けたの自然数と、その数の十の位の数と一の位の数を入れかえた数との和は11の倍数になる。

2 次の等式を〔　〕の中の文字について解きなさい。

(1) $x+y=4$ 〔x〕

〔　　　　　〕

(2) $V=Sh$ 〔h〕

〔　　　　　〕

(3) $3a+4b=10$ 〔a〕

〔　　　　　〕

(4) $7x-2y=15$ 〔y〕

〔　　　　　〕

(5) $\ell=2(a+b)$ 〔b〕

〔　　　　　〕

(6) $S=\dfrac{5(m+n)}{2}$ 〔m〕

〔　　　　　〕

＼ヒント／

1 十の位の数を x、一の位の数を y とすると、2けたの自然数は $10x+y$ と表されます。

2 (1) x について解く場合は、$x=$～ の形にします。

解答 → P.103

何問できた？

10問中　　問

連立方程式の解き方(加減法)①

月　　日

1 次の連立方程式を加減法で解きなさい。

(1) $\begin{cases} 2x+y=4 \\ 3x-y=11 \end{cases}$

〔　　　　　　　　〕

(2) $\begin{cases} x+4y=7 \\ x-2y=-5 \end{cases}$

〔　　　　　　　　〕

(3) $\begin{cases} 4x-y=15 \\ 3x+2y=14 \end{cases}$

〔　　　　　　　　〕

(4) $\begin{cases} 3x-5y=9 \\ x-3y=7 \end{cases}$

〔　　　　　　　　〕

(5) $\begin{cases} 5x+2y=-5 \\ 4x-3y=19 \end{cases}$

〔　　　　　　　　〕

(6) $\begin{cases} 2x-7y=13 \\ -5x+4y=8 \end{cases}$

〔　　　　　　　　〕

\ヒント/

1 (3) 上の式を2倍すれば y の係数の絶対値が等しくなるので、加減法で解くことができます。
(5) y の係数の絶対値を最小公倍数にそろえて解きましょう。

何問できた？

6問中　　　問

連立方程式の解き方（加減法）②

月　日

1 次の連立方程式を加減法で解きなさい。

(1) $\begin{cases} 0.2x+0.1y=0.3 \\ 4x-y=9 \end{cases}$

〔　　　　　〕

(2) $\begin{cases} 0.4x+0.3y=0.7 \\ -0.06x-0.07y=-0.23 \end{cases}$

〔　　　　　〕

(3) $\begin{cases} \frac{1}{3}x-\frac{1}{2}y=-\frac{2}{3} \\ 3x+2y=7 \end{cases}$

〔　　　　　〕

(4) $\begin{cases} \frac{1}{4}x+\frac{7}{12}y=-\frac{1}{2} \\ -\frac{3}{10}x-\frac{1}{8}y=-\frac{9}{8} \end{cases}$

〔　　　　　〕

＼ヒント／

1 (1)(2) 係数に小数をふくむ場合は、両辺に10や100をかけて、係数を整数にします。
(3)(4) 係数に分数をふくむ場合は、両辺に分母の最小公倍数をかけて、分母をはらいます。

解答 ➔ P.104

何問できた？

4問中　　問

連立方程式の解き方(代入法)①

月　　日

1 次の連立方程式を代入法で解きなさい。

(1) $\begin{cases} y=2x-4 \\ 3x+y=1 \end{cases}$

〔　　　　〕

(2) $\begin{cases} y=-4x+5 \\ 2x-y=7 \end{cases}$

〔　　　　〕

(3) $\begin{cases} -2x+2y=11 \\ y=2x+6 \end{cases}$

〔　　　　〕

(4) $\begin{cases} x=y+5 \\ 2x+5y=3 \end{cases}$

〔　　　　〕

(5) $\begin{cases} -x+6y=20 \\ x=-3y+7 \end{cases}$

〔　　　　〕

(6) $\begin{cases} -4x-3y=-3 \\ x=2y-13 \end{cases}$

〔　　　　〕

＼ヒント／

1 $y=$～や$x=$～の式をもう一方の式に代入すると、1つの文字を消去できます。

何問できた?

6問中　　問

連立方程式の解き方(代入法)②

月　日

1 次の連立方程式を代入法で解きなさい。

(1) $\begin{cases} 2x + y = 5 \\ 4x + 3y = 9 \end{cases}$

〔　　　　　〕

(2) $\begin{cases} 3x + y = 1 \\ -9x - 2y = -8 \end{cases}$

〔　　　　　〕

(3) $\begin{cases} -7x + 5y = 23 \\ 4x - y = -2 \end{cases}$

〔　　　　　〕

(4) $\begin{cases} x - 2y = 5 \\ 4x - 7y = 16 \end{cases}$

〔　　　　　〕

(5) $\begin{cases} -2x - 3y = -1 \\ x + 5y = 18 \end{cases}$

〔　　　　　〕

(6) $\begin{cases} -6x + 7y = -12 \\ x - 3y = 13 \end{cases}$

〔　　　　　〕

＼ヒント／

1 一方の式を $y=$～ や $x=$～ の形にすると、代入法が使えます。

何問できた？

6問中　　問

いろいろな連立方程式の解き方

月　　日

1 次の連立方程式を解きなさい。

(1) $\begin{cases} 3x+2(y+4)=9 \\ 2x-y=-4 \end{cases}$

(2) $\begin{cases} -5x-2y=-10 \\ 4(x-3)+3y=-11 \end{cases}$

(3) $\begin{cases} 3(x+5)-2y=15 \\ -4x+2(y-5)=-8 \end{cases}$

(4) $\begin{cases} 2(x+y)-3y=7 \\ 5x-4(x-2y)=-5 \end{cases}$

(5) $x+y=3x+2y=-2$

(6) $2x+y=-4x+7y+6=-16$

＼ヒント／

1 (1)～(4) かっこがある場合は、かっこをはずして整理してから計算します。
(5) $x+y=-2$ と $3x+2y=-2$ の 2 つの式をつくって、連立方程式として解きます。

解答 → P.105

数学 15

連立方程式

連立方程式の利用①

月　日

1 **鉛筆《えんぴつ》とノートを買います。鉛筆２本とノート３冊の代金は550円、鉛筆７本とノート６冊の代金は1340円です。次の問いに答えなさい。**

(1)　鉛筆１本の値段を x 円、ノート１冊の値段を y 円として、連立方程式をつくりなさい。

〔 $\begin{cases} \\ \end{cases}$ 〕

(2)　鉛筆１本とノート１冊の値段は、それぞれ何円ですか。

鉛筆〔　　　〕　ノート〔　　　〕

2 **ある美術館の入館料は、大人２人と子ども３人では1250円、大人５人と子ども８人では3200円です。大人１人と子ども１人の入館料を、それぞれ求めなさい。**

大人〔　　　〕　子ども〔　　　〕

＼ヒント／

1 (1) 代金は、単価×個数の式で表すことができます。

2 大人１人の入館料を x 円、子ども１人の入館料を y 円として連立方程式をつくります。

連立方程式の利用②

月　日

1 **ある中学校の陸上部の部員数は、去年は全体で40人でした。今年は去年より、男子が15％減り、女子が20％増えたので、全体では１人増えました。次の問いに答えなさい。**

(1)　去年の男子の部員数を x 人、去年の女子の部員数を y 人として、連立方程式をつくりなさい。

〔 $\begin{cases} \\ \end{cases}$ 〕

(2)　今年の男子と女子の部員数は、それぞれ何人ですか。

男子〔　　　　〕　女子〔　　　　〕

2 **1000ｍ離《はな》れた駅に行くのに、はじめは分速60ｍで歩き、途中《とちゅう》から分速80ｍで走ったら、15分かかりました。このときの、歩いた道のりと走った道のりを、それぞれ求めなさい。**

歩いた道のり〔　　　　〕　走った道のり〔　　　　〕

\ヒント/

1 (1) x が15％減ったことは $\frac{85}{100}x$、y が20％増えたことは $\frac{120}{100}y$ で表します。

2 歩いた道のりを x m、走った道のりを y m として、連立方程式をつくります。

1次関数・変化の割合

月　日

1 次のア～カの式で、y が x の1次関数であるものをすべて選びなさい。

ア　$xy=10$	イ　$y=5x^2$	ウ　$2x-y=9$
エ　$x^2+4y=8$	オ　$y-\dfrac{x}{3}=6$	カ　$\dfrac{y}{x}=-8$

〔　　　　〕

2 1次関数 $y=3x+2$ で、x の値が -2 から4まで増加するとき、次の問いに答えなさい。

(1)　x の増加量を求めなさい。

〔　　　　〕

(2)　y の増加量を求めなさい。

〔　　　　〕

(3)　変化の割合を求めなさい。

〔　　　　〕

3 次の1次関数の変化の割合を求めなさい。また、x の増加量が4のときの、y の増加量を求めなさい。

(1)　$y=2x+5$

変化の割合〔　　　　〕　y の増加量〔　　　　〕

(2)　$y=-7x-3$

変化の割合〔　　　　〕　y の増加量〔　　　　〕

ヒント

1 1次関数は、$y=ax+b$ の形で表されます。

3 1次関数 $y=ax+b$ の変化の割合は一定で、a と等しくなります。

何問できた？　8問中　　問

1次関数のグラフのかき方

月　日

1 1次関数 $y=2x-3$ のグラフについて、□にあてはまる数を書き、グラフをかきます。

(1) 切片が ① □ だから、
点(0, ② □)を通る。

(2) 傾《かたむ》きが ③ □ だから、
点(0, ② □)から右へ ④ □、
上へ ⑤ □ 進んだ点
(1, ⑥ □)
を通る。

(3) 右の図にグラフをかきなさい。

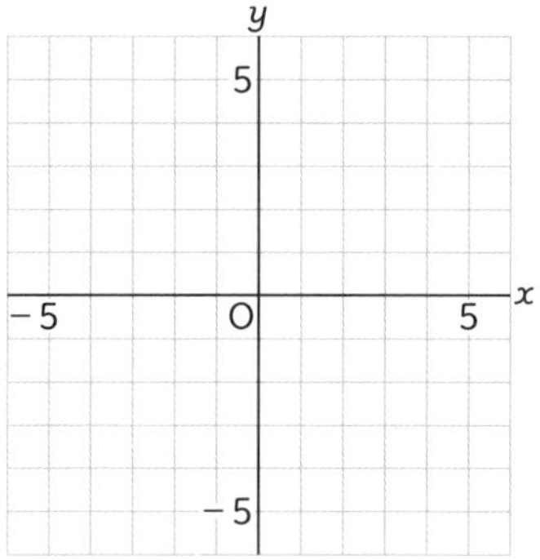

2 次の1次関数のグラフをかきなさい。

(1) $y=x+1$

(2) $y=-2x+4$

(3) $y=3x-5$

(4) $y=-\frac{2}{3}x+2$

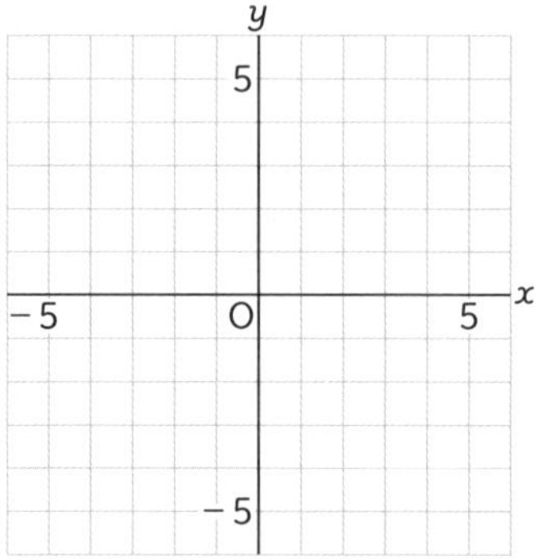

＼ヒント／

1 1次関数 $y=ax+b$ のグラフは、傾きが a、切片が b の直線になります。

何問できた？

11問中　問

1次関数の式を求める

月　日

★1次関数のグラフから式を求める

…傾《かたむ》き a と切片 b を読み取り、a、b の値を $y=ax+b$ にあてはめる。

★傾きと通る1点から式を求める

❶求める1次関数の式を $y=ax+b$ とおき、a に傾きを代入。

❷1点の座標の x、y の値を代入し、b の値を求める。

1 右の図の直線の式を求めなさい。

(1) 〔　　　　　　〕

(2) 〔　　　　　　〕

(3) 〔　　　　　　〕

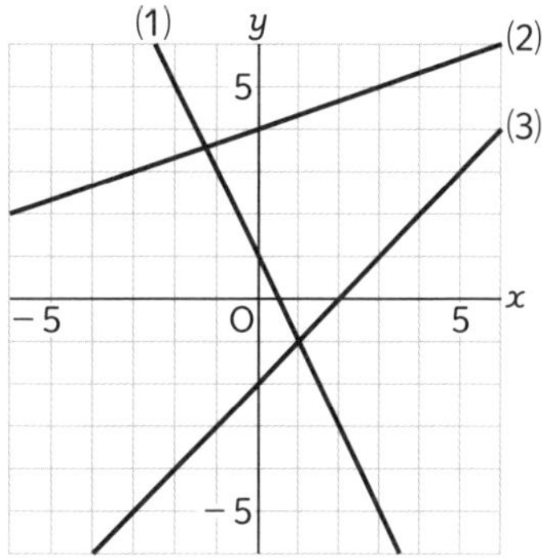

2 次の1次関数の式を求めなさい。

(1) グラフが直線 $y=5x$ に平行で、点$(0,\ -4)$を通る。

〔　　　　　　〕

(2) グラフの傾きが-2で、点$(1,\ 3)$を通る。

〔　　　　　　〕

(3) 変化の割合が-3で、$x=3$ のとき $y=1$ である。

〔　　　　　　〕

(4) グラフが2点$(-2,\ 25)$、$(3,\ -5)$を通る。

〔　　　　　　〕

解答➜P.107

2元1次方程式とグラフ

月　日

★2元1次方程式 $ax+by=c$ のグラフは直線になる

…式を y について解いて、傾《かたむ》きと切片を求める。

★$y=k$ のグラフ…点$(0,\ k)$を通り、x 軸《じく》に平行な直線

★$x=h$ のグラフ…点$(h,\ 0)$を通り、y 軸に平行な直線

★方程式のグラフ… x 軸、y 軸との交点の座標を求める。

1 次の方程式のグラフを右の図にかきなさい。

(1)　$x-y=2$

(2)　$3x+y=4$

(3)　$y=-2$

(4)　$2x=8$

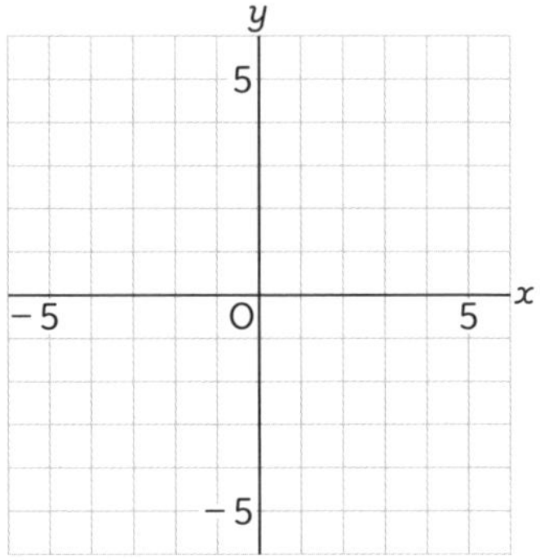

2 方程式 $3x-4y=-12$ のグラフについて、次の問いに答えなさい。

(1)　$x=0$ のとき、y の値を求めなさい。

〔　　　　　　〕

(2)　$y=0$ のとき、x の値を求めなさい。

〔　　　　　　〕

(3)　(1)、(2)の x、y の値の組を座標とする2点をとって、この方程式のグラフを右の図にかきなさい。

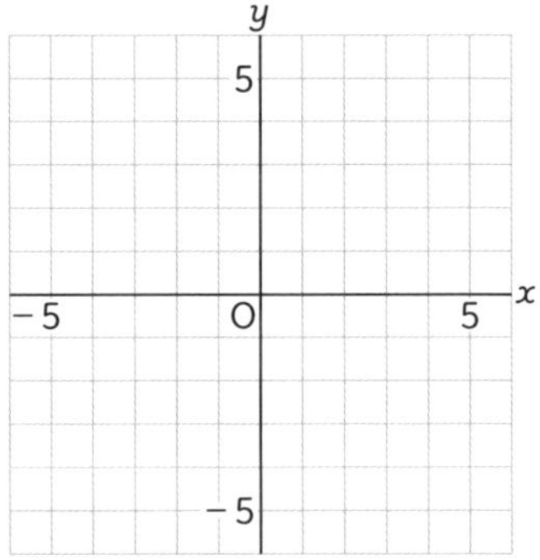

何問できた?　7問中　　問

ヨーロッパとイスラム世界

月　日

1 **右の年表を見て、次の問いに答えなさい。**

年代	主なできごと
7世紀	アラビア半島に［X］が成立する
11世紀	A 十字軍《じゅうじぐん》の遠征《えんせい》が始まる
14世紀	［B］の風潮が広まる
15世紀	［Y］がビザンツ帝国を征服《せいふく》する
16世紀	C 宗教改革を始める ［Z］がインドに成立する

(1)　年表中のX～Zにあてはまる帝国《ていこく》を、あとの**ア**～**ウ**から１つずつ選びなさい。

X〔　　　〕 Y〔　　　〕 Z〔　　　〕

ア　ムガル帝国

イ　オスマン帝国

ウ　イスラム帝国

(2)　年表中の下線部Aについてまとめた次の文中の①、②にあてはまる語句を答えなさい。

①〔　　　　　〕 ②〔　　　　　〕

> 十字軍は、キリスト教の聖地である［①］を奪回《だっかい》するため、［②］の呼びかけで組織されました。以後、200年にわたって、たびたび派遣《はけん》され、キリスト教とイスラム教の対立が続きました。

(3)　年表中のBにあてはまる、イタリアから西ヨーロッパに広まった、古代のギリシャやローマの文化を復興させようという風潮を何といいますか。カタカナで答えなさい。

〔　　　　　〕

(4)　年表中の下線部Cを行った人物を、次の**ア**～**エ**から２人選びなさい。

ア　ルター　　**イ**　ミケランジェロ

ウ　カルバン　　**エ**　レオナルド・ダ・ビンチ

〔　　　と　　　〕

(5)　年表中の下線部Cを支持する人々は何と呼ばれましたか。カタカナで答えなさい。

〔　　　　　〕

＼ヒント／

1 (1) Yがほろぼしたビザンツ帝国(東ローマ帝国)は、古代ローマ帝国が分裂《ぶんれつ》してできた帝国です。

(5) Cは、カトリック教会が資金集めで免罪符《めんざいふ》を発行したため、批判がおこり始まった改革です。

何問できた？　8問中　　問

ヨーロッパ世界の拡大

月　　日

1 次の問いに答えなさい。

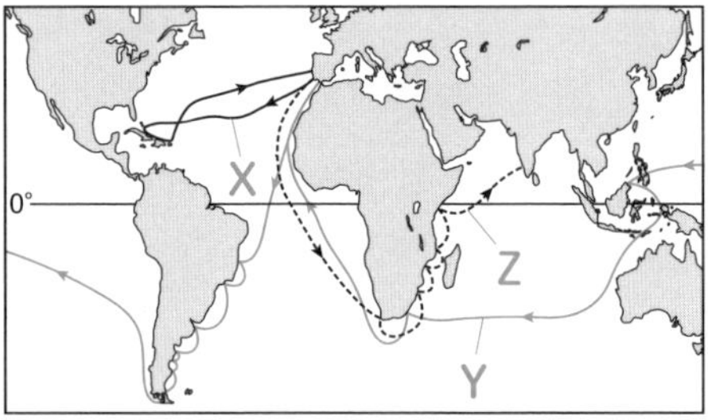

⑴　次のア～ウは、右の地図中のX～Zの航路を開拓《かいたく》した中心人物です。地図中のXの航路を開拓した中心人物を１人選びなさい。〔　　　〕

ア　マゼラン　　**イ**　バスコ・ダ・ガマ　　**ウ**　コロンブス

⑵　右の文中のAにあてはまる語句を、次の**ア～ウ**から１つ選びなさい。〔　　　〕

> 15～17世紀、ヨーロッパの国々は、［A］や絹織物を得るために、競ってアジアに進出しました。

ア　香辛料《こうしんりょう》　　**イ**　武器　　**ウ**　小麦

2 ヨーロッパ人の日本進出について、次の問いに答えなさい。

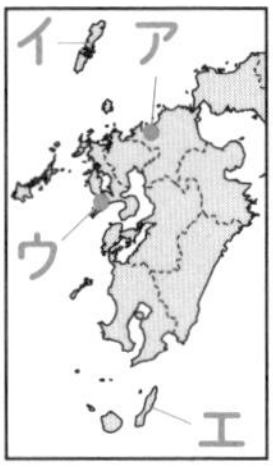

⑴　1543年、初めて鉄砲《てっぽう》が日本に伝わったとされる場所を、右の地図中のア～エから１つ選びなさい。〔　　　〕

⑵　日本にキリスト教を伝えた人物を答えなさい。また、この人物が海外布教にのり出したきっかけを、次の**ア～ウ**から１つ選びなさい。

人物〔　　　　　　　　〕　記号〔　　　〕

ア　十字軍《じゅうじぐん》の遠征《えんせい》　　**イ**　宗教改革　　**ウ**　インカ帝国《ていこく》の滅亡《めつぼう》

⑶　16世紀から始まった、日本とポルトガルやスペインとの貿易を何といいますか。〔　　　　　　〕

⑷　⑶の貿易で、日本から外国へ大量に輸出されたものを、次の**ア～ウ**から１つ選びなさい。〔　　　〕

ア　火薬　　**イ**　絹織物　　**ウ**　銀

＼ヒント／

1 ⑴ **ア**の船隊は初めて世界一周を達成、**イ**は初めてインドに到達《とうたつ》、**ウ**は大西洋の横断に成功しました。

2 ⑴ 日本に初めて鉄砲が伝わったとされるのは、種子島《たねがしま》です。

何問できた？　７問中　　問

解答➜P.108

安《あ》土《づち》桃《もも》山《やま》時代

月　日

1 右の年表を見て、次の問いに答えなさい。

年代	主なできごと
1575年	長篠の戦いがおこる
1582年	A が本能《ほんのう》寺《じ》で自害する
1587年	バテレン追放令が出される
1590年	B が全国を統一する
1592年 1597年	明《みん》を征服《せいふく》するため、朝鮮《ちょうせん》に軍を送る

(1)　年表中の長篠《ながしの》の戦いで用いられた、ポルトガル人から日本に伝えられた武器は何ですか。〔　　〕

(2)　A・Bにあてはまる人物を答えなさい。

A〔　　〕

B〔　　〕

(3)　次の2つの法令は、年表中のA・Bが出した法令です。法令中のX・Yにあてはまる語句を答えなさい。

X〔　　〕　Y〔　　令〕

> 楽市《らくいち》令（1577年）
>
> 一　この安土の町は楽市としたので、X による商売の独占《どくせん》は廃止《はいし》し、さまざまな税や労役《ろうえき》は免除《めんじょ》する。
>
> （部分要約）

> Y 令（1588年）
>
> 一　諸国の百姓《ひゃくしょう》が刀やわきざし、弓、やり、鉄砲《てっぽう》、その他の武具などを持つことは、かたく禁止する。
>
> （部分要約）

(4)　年表中のBが行った、全国の土地の面積やよしあしなどを調べて、予想される収穫《しゅうかく》量を石高《こくだか》で表す政策を何といいますか。〔　　〕

(5)　(4)などの政策によって、武士と百姓の身分が区別されたことを何といいますか、漢字4字で答えなさい。〔　　〕

(6)　年表中のA・Bにつかえて、茶の湯をわび茶として完成させた人物を答えなさい。〔　　〕

\ヒント/

1 (3) Xは当時の商工業者の同業者組合のことで、これを廃止《はいし》したことで経済活動が活発になりました。
(4) Bの人物が「太閤《たいこう》」をなのっていたころに行われた政策です。

何問できた？　8問中　　問

江戸《えど》幕府の成立としくみ

月　日

1 次の問いに答えなさい。

(1) 1603年、江戸に幕府を開いた人物を答えなさい。〔　　〕

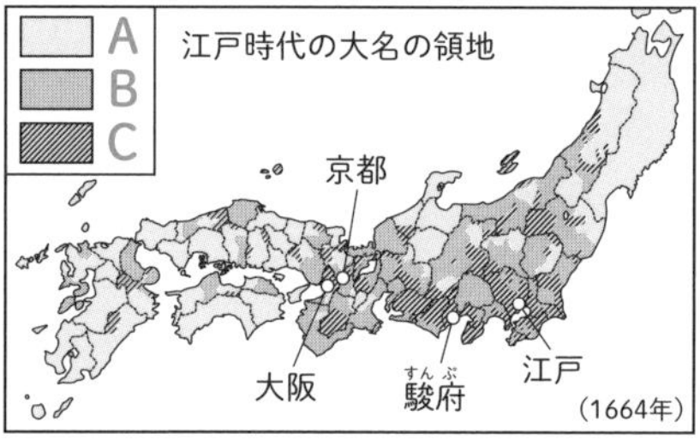

(2) 次の問いに答えなさい。

① 地図中のAの領地を治める大名を、次の**ア**～**ウ**から1つ選びなさい。〔　　〕

ア 親藩《しんぱん》(徳川《とくがわ》家の一族)

イ 譜代《ふだい》大名(古くからの徳川家の家臣)

ウ 外様《とざま》大名(関ヶ原《せきがはら》の戦いのころから徳川家に従った大名)

② 次の文中の□にあてはまる語句を、答えなさい。

・江戸時代には、幕府と藩《はん》が全国の土地と人々を支配する、□体制がとられていました。〔　　体制〕

(3) 1615年に制定された右の法令について、次の問いに答えなさい。

① この法令を何といいますか。次の**ア**～**ウ**から1つ選びなさい。〔　　〕

> 一　学問と武芸にひたすら精を出すようにせよ。
> 一　諸国の城は、修理する場合であっても、必ず幕府に申し出よ。新しい城をつくることは禁止する。
> (部分要約)

ア 武家諸法度《ぶけしょはっと》

イ 御成敗式目《ごせいばいしきもく》(貞永《じょうえい》式目)

ウ 禁中並公家諸法度《きんちゅうならびにくげしょはっと》

② 1635年、この法令に次のような内容の制度が追加されました。この制度を何といいますか。また、これを定めた人物を答えなさい。

> 一　大名が自分の領地と江戸とを交代で住むように定める。毎年4月に江戸へ出仕せよ。
> (部分要約)

制度〔　　〕
人物〔　　〕

＼ヒント／

1 (1) 1600年に関ヶ原の戦いで石田三成《いしだみつなり》に勝利し、実権をにぎった人物です。
(3)① 全国の大名を統制するためにつくられた法令です。

何問できた？
6問中　　問

さまざまな身分とくらし

月　　日

1 江戸《えど》時代の人々の身分について、次の問いに答えなさい。

- A は、名字(姓《せい》)をなのり、刀を差す(帯刀)などの特権があり、幕府や藩《はん》の役職に就《つ》き、石高《こくだか》に応じた領地や米が支給されていました。
- B は、主に城下町でくらす商人や職人で、幕府や藩に営業税を納めていました。
- C は、主に村で自給自足の生活を行う農民で、D 村ごとに収穫《しゅうかく》した米の40～50%を幕府や藩に年貢《ねんぐ》として納めていました。

(1) 文中のA～Cにあてはまる身分を、[　　] から1つずつ選びなさい。

A〔　　　　〕 B〔　　　　〕 C〔　　　　〕

町人　百姓《ひゃくしょう》　武士

(2) 右のグラフのX～Zには、文中のA～Cのいずれかの身分があてはまります。Xにあてはまるのは、A～Cのうちどれですか。〔　　〕

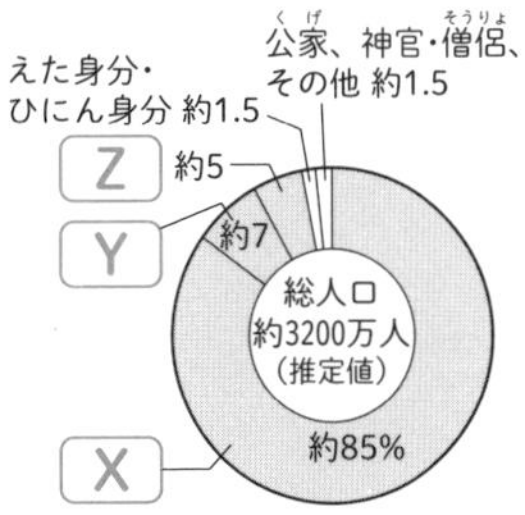

関山直太郎「近世日本の人口構造」

(3) 右の法令は、文中のA～Cのうち、どの身分の人々に対して出されたものですか。〔　　〕

一　衣類は、麻布《あさぬの》・木綿《もめん》のみを着ること。衣類を紫《むらさき》や紅梅に染めてはならない。
一　食物は雑穀を食べ、米はむやみに食べてはならない。
一　たばこの栽培《さいばい》や、田畑の売買は禁止する。
(1643年)(部分要約)

(4) 文中の下線部Dについて、この時期の農民は、ある制度によって年貢の未納や犯罪の防止に連帯で責任を負わされていました。この制度を何といいますか。〔　　　　〕

＼ヒント／

1 (3) 幕府は、年貢を安定して得るために田畑の売買を禁止しました。
(4) 近隣《きんりん》の約５戸を一組として組織するよう命じられました。

解答 ➜ P.108

何問できた？　6問中　　問

貿易の振興《しんこう》から鎖国《さこく》へ

月　日

1 右の年表を見て、次の問いに答えなさい。

(1) 年表中のXにあてはまる、東南アジアとの貿易を何といいますか。〔　　　〕

(2) 次のできごとは、年表中のア～ウのどの時期におこりましたか。〔　　　〕

島原《しまばら》(長崎県)・天草《あまくさ》(熊本県)の人々が、重い年貢《ねんぐ》とキリスト教徒への弾圧《だんあつ》に反対して一揆《いっき》をおこした。

(3) 年表中のA～Cにあてはまる国を、あとの［　　］から選びなさい。

A〔　　　〕 B〔　　　〕 C〔　　　〕

オランダ　　スペイン　　ポルトガル

年代	主なできごと
1587年	宣教師の国外追放を命じる
1601年	徳川家康《とくがわいえやす》が［X］を行う
1612年	幕府領にキリスト教の禁教令を出す
	↕ア
1616年	ヨーロッパ船の来航を長崎と平《ひら》戸《ど》に制限する
	↕イ
1624年	［A］船の来航を禁止する
1635年	日本人の海外渡航《とこう》を禁止する
	↕ウ
1639年	［B］船の来航を禁止する
1641年	［C］商館を長崎の出島《でじま》に移す

2 鎖国体制下での外国とのつながりについて、次の問いに答えなさい。

(1) 右の図で、清《しん》(中国)にあてはまるものを、図中のア～エから1つ選びなさい。〔　　　〕

貿易が許可された国や地域と日本の窓口

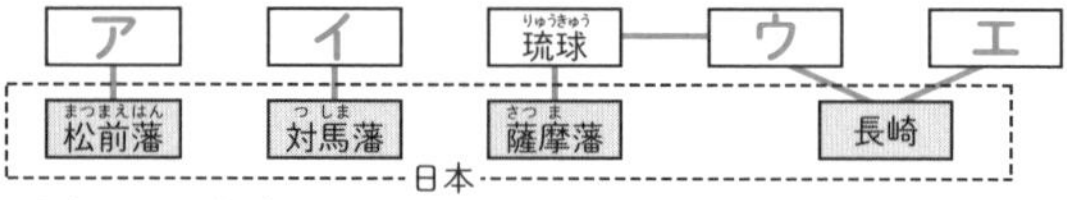

※図中の ― は結び付きを示している。

(2) 当時の外国との関係について、正しくないものを次の**ア～ウ**から1つ選びなさい。〔　　　〕

ア 朝鮮《ちょうせん》から将軍の代がわりごとに通信使が派遣《はけん》された。

イ アイヌの長に風説書を提出させて外国のできごとを報告させた。

ウ 琉球から将軍や琉球国王の代がわりごとに使節が派遣された。

\ヒント/

1 (1) 幕府から渡航許可を得ているという証明書を用いて、東南アジア諸国と行われた貿易です。

2 (1) 琉球は以前から中国に朝貢《ちょうこう》しており、薩摩藩の支配下においてもそれは続けられました。

何問できた？

7問中　　問

産業の発達と交通路の整備

月　日

1 江戸《えど》時代の産業と交通路について、次の問いに答えなさい。

⑴　江戸時代には、右のグラフのように米の生産量が大きく増加しました。その理由として<u>正しくないもの</u>を次の**ア**～**ウ**から１つ選びなさい。　〔　　〕

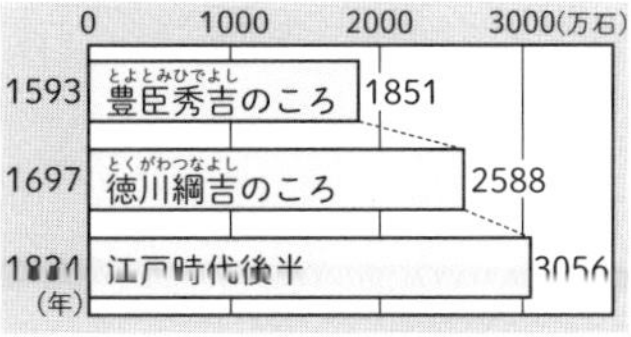

(「大日本租税志」ほか)

ア　農民が米を食べることを禁止したから。

イ　新田開発が奨励《しょうれい》されたから。

ウ　農具や肥料の開発や工夫が進んだから。

⑵　江戸時代に普及《ふきゅう》した次のA・Bの農具の名称《めいしょう》を、あとの**ア**～**ウ**からそれぞれ選びなさい。

A 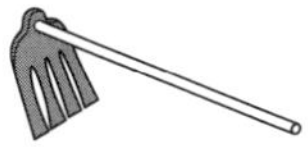　〔　　〕

B 　〔　　〕

ア　千歯《せんば》こき　**イ**　備中《びっちゅう》ぐわ　**ウ**　石包丁《いしぼうちょう》

⑶　江戸時代には鉱山開発が進みました。図中の鉱山のX～Zに、それぞれ共通してあてはまる語句を、あとの［　　］から１つずつ選びなさい。

X〔　　〕Y〔　　〕Z〔　　〕

金　　銀　　銅

⑷　地図中の①～⑤の街道をあわせて何といいますか。　〔　　〕

⑸　「西《にし》まわり航路」と呼ばれる航路を、地図中の**ア**～**ウ**から１つ選びなさい。　〔　　〕

＼ヒント／

1 ⑵ **ア**は脱穀《だっこく》を効率的に行う道具、**イ**は土を深く耕《たがや》す道具、**ウ**は稲《いね》の穂《ほ》を摘《つ》む道具です。

⑸ 北陸や東北地方の米などを、日本海沿岸・瀬戸内海《せとないかい》をまわって大阪へ運ぶ航路です。

解答 → P.109

何問できた？　8問中　　問

都市の繁栄《はんえい》と元禄《げんろく》文化

月　日

1 17世紀後半の日本について、次の問いに答えなさい。

(1) 17世紀後半には、三つの都市が特に発展しました。次のA～Cには、その三都のうちのいずれかがあてはまります。

A 「天下の台所」と呼ばれ、商業の中心として栄えた。
B 朝廷《ちょうてい》がある古代からの都で、文化の中心地としても栄えた。
C 「将軍のおひざもと」と呼ばれ、政治の中心として栄えた。

① A～Cにあてはまる都市を、［　　］から1つずつ選びなさい。

江戸《えど》　大阪　京都

A〔　　　〕 B〔　　　〕 C〔　　　〕

② Aに多く置かれた、諸大名が年貢米《ねんぐまい》や特産物を売りさばくために設けた保管庫と販売所《はんばいじょ》を兼《か》ねた建物を何といいますか。

〔　　　　〕

(2) 次の文中のXにあてはまる人物と、Yにあてはまる語句を、答えなさい。　X〔　　　　〕 Y〔　　　　〕

第5代将軍［ X ］は、社会の秩序《ちつじょ》を重んじ、文治《ぶんち》政治への転換《てんかん》をはかりました。学問が奨励《しょうれい》され、儒学《じゅがく》のなかでも特に主従関係や上下関係を重んじる［ Y ］を重視して広めました。

(3) この時期に、上方《かみがた》を中心として栄えた文化を何といいますか。

〔　　　　文化〕

(4) 右の俳諧《はいかい》(俳句)を著した人物を、次のア～エから1人選びなさい。　〔　　〕

ア 近松門左衛門《ちかまつもんざえもん》　イ 井原西鶴《いはらさいかく》
ウ 松尾芭蕉《まつおばしょう》　エ 菱川師宣《ひしかわもろのぶ》

・夏草や兵《つわもの》どもが夢の跡《あと》
・五月雨《さみだれ》を集めて早し最上川《もがみがわ》
・閑《しずか》さや岩にしみ入《いる》蝉《せみ》の声

＼ヒント／

1 (2) X 学問や礼節を重んじた政策をすすめ、動物愛護を命じる「生類憐《あわれ》みの令」を出した人物です。
(3) 上方(京都・大阪)を中心とする、経済力や技術力のある町人たちから生まれた文化です。

解答 → P.109

何問できた？

8問中　　問

近世の日本

享《きょう》保《ほう》の改革と社会の変化

月　日

1 享保の改革について、次の問いに答えなさい。

(1)　1716年、第８代将軍となり、享保の改革を行った人物を答えなさい。

〔　　　　〕

(2)　(1)が行った政策を、次の**ア**～**ウ**から１つ選びなさい。　〔　　〕

ア　幕府の財政難を解消するため、質の悪い貨幣《かへい》を多量に発行した。

イ　質の悪い貨幣から質の良い貨幣にかえ、長崎貿易を制限した。

ウ　新田開発をすすめ、武士に倹約令《けんやくれい》を出して質素・倹約を命じた。

(3)　(1)が定めた公事方御定書《くじかたおさだめがき》は、次のア、イのどちらですか。　〔　　〕

ア

一　天皇は、帝王《ていおう》としての教養と、伝統文化である和歌を学ばなければならない。
一　武家の官位と公家《くげ》の官位は、別枠《べつわく》にする。
一　関白《かんぱく》の命令に従わない者は流罪《るざい》とする。
（部分要約）

イ

一　人を殺し盗《ぬす》んだ者　引き回しのうえ獄門《ごくもん》
一　追いはぎをした者　獄門
一　盗みをはたらいた者
金十両以上か十両以上のもの　死罪
（部分要約）

2 18世紀ごろの日本の農村の変化について、次の問いに答えなさい。

(1)　農具や肥料の購入《こうにゅう》などのため、農村でも貨幣の必要性が高まりました。販売《はんばい》して現金を得るために栽培《さいばい》される農作物を、何といいますか。

〔　　　　〕

(2)　このころ、問屋制家内《といやせいかない》工業というしくみも広まりました。このしくみの説明として正しいものを、次の**ア**～**ウ**から１つ選びなさい。　〔　　〕

ア　問屋が原料や道具を貸し出して、つくらせた製品を買い取る。

イ　自らが原料や道具を調達してつくった製品を問屋に売る。

ウ　大商人や地主が工場をたてて人を雇《やと》い、工場内で製品をつくる。

1 (3) 公事方御定書は、裁判の基準となる法律です。
2 (1) 綿花、生糸、紅花、藍《あい》、野菜、菜種など、主に特産品が多くつくられました。

解答 → P.109

何問できた？ 　5問中　　問

幕府や諸藩《しょはん》の改革

1 **右の資料は、江戸《えど》時代に行われた政治や改革を年代順に並べたものである。**

A	享保《きょうほう》の改革
	↓
B	田沼《たぬま》の政治
	↓
C	寛政《かんせい》の改革
	↓
D	天保《てんぽう》の改革

(1) 次の和歌がよまれた時期に行われていた改革を、資料中のA～Dから１つ選びなさい。〔　　〕

> 白河《しらかわ》の清きに魚の住みかねて　もとの濁《にご》りの田沼《たぬま》恋しき

(2) 当時、流行した(1)のような和歌を何といいますか。〔　　〕

(3) 資料中のB、Cの時期に行われた政策を、次の**ア**～**ウ**から１つずつ選びなさい。

B〔　　〕 C〔　　〕

ア　大名の江戸での滞在《たいざい》期間を短縮するかわりに、米を納めさせた。
イ　農民の出稼《でかせ》ぎを禁止したり、商品作物の栽培《さいばい》を制限したりした。
ウ　商工業の発展に力を注ぎ、俵物《たわらもの》や銅の海外への輸出量を増やした。

2 **次の文を読んで、あとの問いに答えなさい。**

> 当時、幕府や藩は、年貢《ねんぐ》を増やすことで財政悪化を解消しようとしました。これに対して、百姓一揆《ひゃくしょういっき》がたびたびおこりました。A都市では、困窮《こんきゅう》した人々が団結し、米を買いしめた商人をおそうこともありました。ききんが重なり、さらに悪化する財政を立て直そうと、独自の改革をすすめる藩もあり、B商品や特産品の専売を行ったりしました。

(1) 文中の下線部Aを何といいますか。〔　　〕

(2) 文中の下線部Bについて、砂糖の専売で利益を上げた藩を、次の**ア**～**ウ**から１つ選びなさい。〔　　〕

ア　薩摩《さつま》藩　　**イ**　佐賀(肥前《ひぜん》)藩　　**ウ**　長州《ちょうしゅう》藩

\ヒント/

2 (1) 室町《むろまち》時代におきた土一揆とまちがえないようにしましょう。
(2)「専売」とは、特定の品物について、生産から販売《はんばい》までを管理して利益を独占《どくせん》することです。

何問できた？

6問中　　問

新しい学問と化《か》政《せい》文化

月　日

1 次の文を読んで、あとの問いに答えなさい。

18世紀には、A仏教や儒《じゅ》学《がく》が伝わる以前の日本人のものの考え方を研究したり、Bオランダ語でヨーロッパの学問や文化を学んだりする人々が現れました。19世紀初めには、ヨーロッパの測量技術を用いて、［ C ］が全国をまわり、正確な日本地図を完成させました。また、諸《しょ》藩《はん》では藩校、町や農村では［ D ］が開かれるようになり、各地に教育が広がりました。

(1) 下線部Aの学問を何といいますか。　〔　　　〕

(2) 下線部Bの学問と関係が深い人物を、次の**ア**～**ウ**から1人選びなさい。

ア 十返舎一九《じっぺんしゃいっく》　**イ** 杉田玄白《すぎたげんぱく》　**ウ** 本居宣長《もとおりのりなが》　〔　　　〕

(3) Cにあてはまる人物を答えなさい。　〔　　　〕

(4) Dにあてはまる教育機関を答えなさい。　〔　　　〕

2 19世紀前半の日本の文化について、次の問いに答えなさい。

(1) この時期の文化について正しく述べた文を、次の**ア**～**ウ**から1つ選びなさい。　〔　　　〕

ア 上方《かみがた》の庶民《しょみん》を中心に栄えた文化であった。

イ 俳諧《はいかい》(俳句)では、小林一茶《こばやしいっさ》や与謝蕪村《よさぶそん》が活躍《かつやく》した。

ウ 狩野永徳《かのうえいとく》が屏風《びょうぶ》やふすまに、はなやかな濃絵《だみえ》を描《えが》いた。

(2) この時期に活躍した錦絵《にしきえ》の作者を、次の**ア**～**エ**からすべて選びなさい。　〔　　　〕

ア 喜多川歌麿《きたがわうたまろ》　**イ** 歌川《うたがわ》(安藤《あんどう》)広重《ひろしげ》

ウ 菱川師宣《ひしかわもろのぶ》　**エ** 葛飾北斎《かつしかほくさい》

＼ヒント／

1 (4) 読み・書き・そろばんなど、実用的な知識や学問を教えていました。

2 (2) 錦絵とは、鈴木春信《すずきはるのぶ》が始めた多色刷りの版画のことです。

何問できた？

6問中　　問

解答 ➔ P.110

社会 12

近世の日本

外国船の接近と天保《てんぼう》の改革

月　日

1 次のカードを見て、あとの問いに答えなさい。

A　幕府が、［ ① ］を出して、日本に近づく外国船の撃退《げきたい》を命じた。

B　老中となった［ X ］が、②天保の改革を行ったが、約２年で失敗した。

C　大阪奉行所《ぶぎょうしょ》の、元役人である［ Y ］が人々を率いて挙兵し、大商人をおそった。

D　ロシアの使節が、根室《ねむろ》や長崎に来航したことで、［ Z ］に蝦《え》夷《ぞ》地《ち》や樺太《からふと》の調査を行わせた。

(1)　①にあてはまる法令を、次の**ア**～**ウ**から１つ選びなさい。〔　　〕

ア　薪水給与令《しんすいきゅうよれい》　**イ**　異国船打払令《いこくせんうちはらいれい》　**ウ**　倹約令《けんやくれい》

(2)　X～Zにあてはまる人物を、次の**ア**～**ウ**から１人ずつ選びなさい。

X〔　　〕Y〔　　〕Z〔　　〕

ア　間宮林蔵《まみやりんぞう》　**イ**　水野忠邦《みずのただくに》　**ウ**　大塩平八郎《おおしおへいはちろう》

(3)　下線部②で解散させられた、商人が同業者ごとにつくっていた組織を何といいますか。漢字３字で答えなさい。〔　　〕

(4)　下線部②の内容として正しくないものを、次の**ア**～**ウ**から１つ選びなさい。〔　　〕

ア　江戸《えど》や大阪の周辺を幕領にしようとした。

イ　オランダの書物の輸入規制を緩《ゆる》めた。

ウ　江戸に出《で》稼《かせ》ぎに出ている農民を故郷に返した。

(5)　A～Dを、年代の古い順に並べなさい。

〔　　→　　→　　→　　〕

＼ヒント／

1　(1) **ア**は、外国船が薪《まき》、水、食料を求めてきたときは与《あた》えなさいという内容の法令です。
(3) この組織は、幕府や藩《はん》に税を納めるかわりに営業を独占《どくせん》していました。

解答 ➔ P.110

何問できた？

７問中　　問

社会 13 地域調査の手法

月　　日

1 地域調査の手順を次のように示しました。あとの問いに答えなさい。

情報を集める		A 調査する		考察しまとめる		発表する
地域の特徴《とくちょう》や課題を見つける。	→X→	さまざまな方法で調査する。	→	調査結果を整理し、まとめる。	→	発表し、意見交換《こうかん》する。

(1) 矢印Xの部分にあてはまる、次のア～ウの手順を行う順に並べなさい。

〔　　→　　→　　〕

ア
調査計画を立てる
調査する項目《こうもく》や進め方を考える。

イ
調査テーマを決める
自然環境《かんきょう》、人口など調べたい内容を決める。

ウ
仮説を立てる
調査の見通しをもつために、結果を予想する。

(2) 下線部Aについて、次の問いに答えなさい。

① 野外調査(フィールドワーク)では、効率よく調査を進めるため、歩く道順、調査する場所や内容を事前に地図に記入しておきます。このように作成された地図を何といいますか。〔　　　　〕

② 主な文献《ぶんけん》資料からわかることをまとめた右の表中のa～cにあてはまる内容を、あとの**ア**～**ウ**から1つずつ選びなさい。

a〔　　〕 b〔　　〕 c〔　　〕

文献資料	わかること
市区町村要覧	a
地形図	b
市区町村史	c

ア 地域の歴史や発展の様子
イ 地形・土地利用の様子
ウ 地域の概要《がいよう》(自然・人口・産業など)

＼ヒント／
1 (1) 調べたいことを決めて答えを予想しておくと、どのようなことを、どの資料を使って調べればよいかが検討しやすくなります。

解答→P.110

何問できた？ 5問中　　問

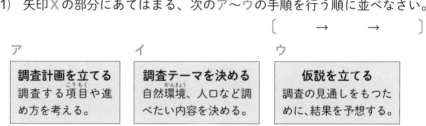

身近な地域の調査

月　日

1 地形図を見て、次の問いに答えなさい。

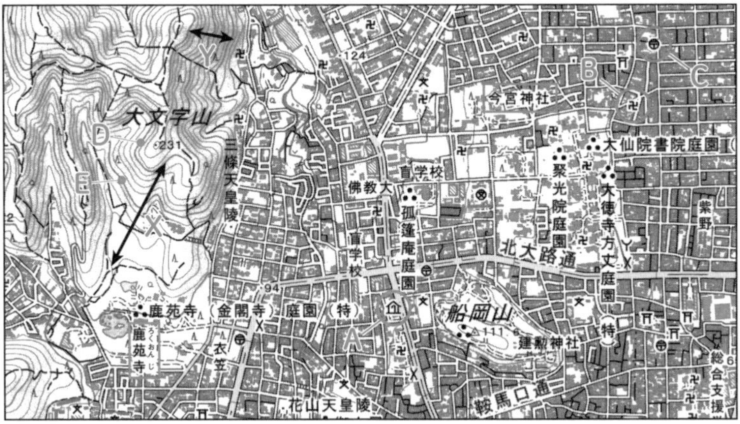

（国土地理院　2万5千分の1地形図「京都西北部」）

(1)　この地形図上で4 cmは、実際の距離《きょり》で何kmになりますか。

〔　　　　　km〕

(2)　この地形図中で見られる、A～Cの地図記号は何を表していますか。

A〔　　　　　〕 B〔　　　　　〕 C〔　　　　　〕

(3)　鹿苑寺《ろくおんじ》から見て、今宮《いまみや》神社はどの方位にありますか。8方位で答えなさい。

〔　　　　　〕

(4)　X・Yでは、どちらの傾《かたむ》きが急といえますか。

〔　　　〕

(5)　計曲線《けいきょくせん》上にある点Dと点Eの標高差は何mですか。次のア～エから1つ選びなさい。

〔　　　〕

ア　50m　　**イ**　100m　　**ウ**　250m　　**エ**　500m

\ヒント/

1 (1)「地形図上の長さ×縮尺の分母」で求め、単位をcmからkmにして表しましょう。
(5) 縮尺が25000分の1の地形図では、主曲線《しゅきょくせん》が10mごと、計曲線が50mごとに引かれています。

日本の地域的特色

日本の自然環境《かんきょう》①

月　　日

1 右の地図を見て、次の問いに答えなさい。

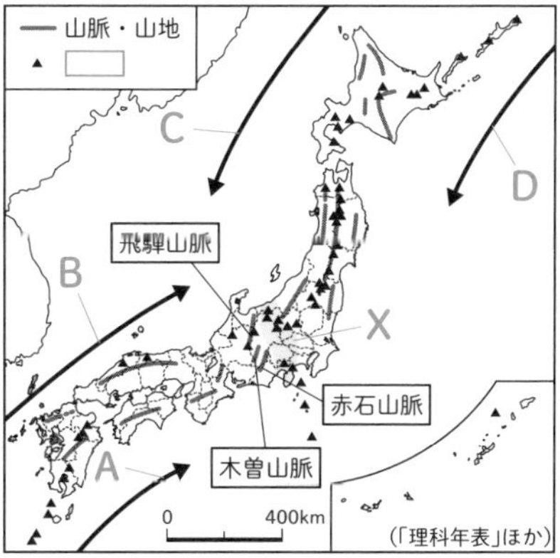

(「理科年表」ほか)

⑴　地図中のXが示す大地溝帯《だいちこうたい》を何といいますか。〔　　　　〕

⑵　地図中のA～Dは、海流を示しています。Aにあてはまる海流を、次の［　　　］から1つ選びなさい。〔　　　　〕

親潮《おやしお》(千島《ちしま》海流)	対馬《つしま》海流
黒潮《くろしお》(日本《にほん》海流)	リマン海流

⑶　地図中の飛驒《ひだ》山脈、赤石《あかいし》山脈、木曽《きそ》山脈をあわせて何と呼びますか。〔　　　　〕

⑷　地図中の▲は、地下からの噴出物《ふんしゅつぶつ》によって形成された地形です。このような地形を何といいますか。漢字2字で書きなさい。〔　　　　〕

2 右の地形図を見て、次の問いに答えなさい。

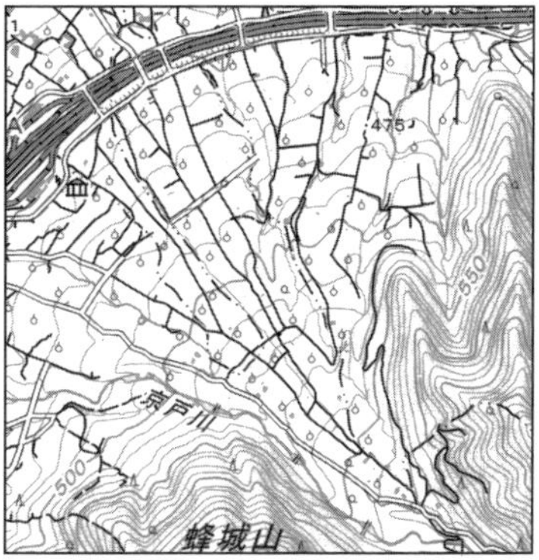

(国土地理院　2万5千分の1地形図　「石和」)

⑴　川が、山間部から盆地《ぼんち》や平野に流れ出るところに土砂が積もってできた、扇形《おうぎがた》の地形を何といいますか。〔　　　　〕

⑵　⑴の地形で、栽培《さいばい》に適している農産物を、次のア～エから1つ選びなさい。〔　　　　〕

ア　稲《いね》　　**イ**　小麦

ウ　くだもの　　**エ**　野菜

ヒント

1 ⑷ 富士山《ふじさん》や阿蘇山《あそさん》などが含《ふく》まれます。

2 ⑵ 地形図で、扇形になっているところの土地利用に着目します。「ǒ」が多く見られます。

何問できた？　6問中　　問

日本の自然環境《かんきょう》②

月　　日

1 日本の気候の特色について、次の問いに答えなさい。

(1) 次の文中の①、②にあてはまる気候帯を答えなさい。

> 日本の大部分は［ ① ］に属しています。一方、北海道は［ ② ］、南西諸島は亜熱帯《あねったい》に含《ふく》まれます。

①〔　　　　〕
②〔　　　　〕

(2) 次のア～ウは、右の地図中のA～Cの都市の雨温図です。ア～ウのうち、Aの都市を表しているのはどれですか。〔　　　〕

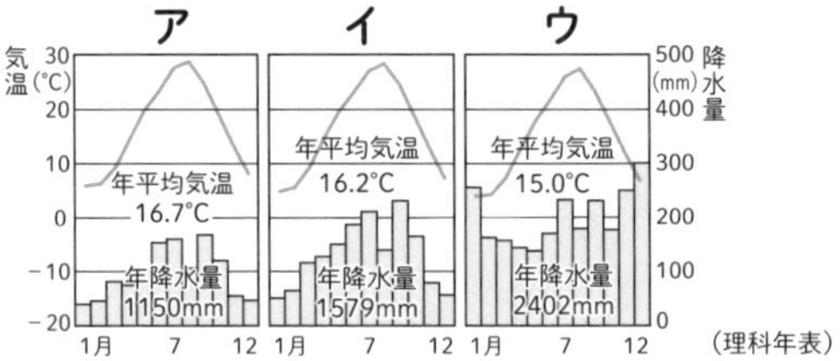

（理科年表）

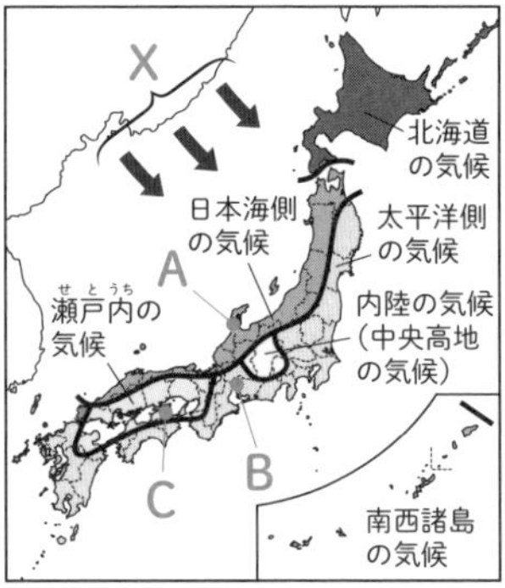

(3) 右の地図中のXの矢印は、季節風（モンスーン）の風向きを表しています。夏と冬のどちらの風向きを表していますか。〔　　　〕

2 自然災害について、あとの問いに答えなさい。

(1) 次の①～③の自然現象を何といいますか。

① 5～7月に前線が停滞《ていたい》し、日本に長雨を降らせる。〔　　　　〕

② 日本列島を夏から秋に通過する、発達した熱帯低気圧《ていきあつ》で、強い風雨をともなう。〔　　　　〕

③ 地下のプレートなどのずれにより大地がゆれる。〔　　　　〕

(2) 県や市区町村などで作成される、自然災害による被害《ひがい》の範囲を予測した地図を、何といいますか。〔　　　　〕

＼ヒント／

1 (2) Aの都市では雪が多く降るため、冬の降水量が多いのが特徴《とくちょう》です。

2 (1) ③の現象が海底で発生すると、津波《つなみ》が引きおこされることがあります。

何問できた？　8問中　　問

人口に見る日本の特色

月　　日

1 日本の人口について、次の問いに答えなさい。

⑴　次のグラフは、1930年、1960年、2023年のいずれかの日本の人口ピラミッドです。年代の古い順に並べなさい。

〔　　→　　→　　〕

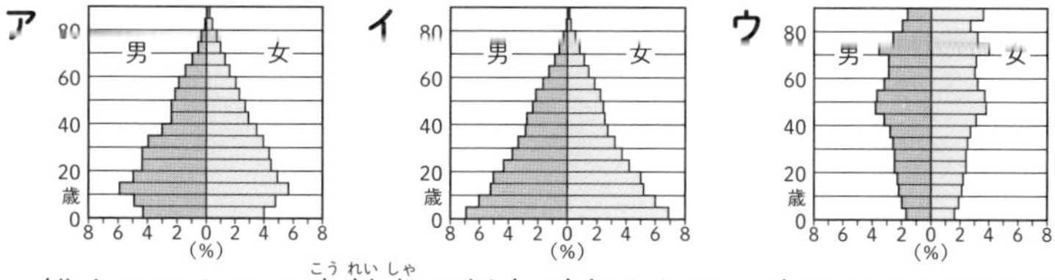

（総務省資料）

⑵　総人口にしめる高齢者《こうれいしゃ》の割合が高くなり、生まれる子どもの割合が低くなる現象を何といいますか。　〔　　　〕

⑶　右のグラフのA～Cにあてはまる語句の組み合わせとして正しいものを、次の**ア**～**エ**から１つ選びなさい。　〔　　〕

三大都市圏《としけん》の人口が全国にしめる割合

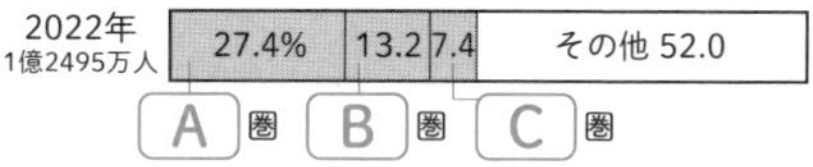

（日本国勢図会）

ア　A－大阪、B－東京、C－名古屋《なごや》　　**イ**　A－大阪、B－名古屋、C－東京

ウ　A－東京、B－大阪、C－名古屋　　**エ**　A－東京、B－名古屋、C－大阪

⑷　大都市の人口問題を解消するために、1960年代ごろから都市郊外《こうがい》で開発された住宅街を何とよびますか。［　　］から１つ選びなさい。

ニュータウン　　スラム　　再開発

〔　　　〕

⑸　次の①、②は、過疎《かそ》地域と過密《かみつ》地域のどちらでおこりますか。

①　騒音《そうおん》、交通渋滞《じゅうたい》、ごみ処理の問題など　〔　　　地域〕

②　店や病院の減少、公共交通機関の減便など　〔　　　地域〕

＼ヒント／

1 ⑷ 大阪の千里《せんり》や泉北《せんぼく》、東京の多摩《たま》などにあります。
⑸ 主に、過疎は農村や山間部で、過密は都市部で進みます。

解答 → P.111

何問できた？　6問中　　問

日本の地域的特色

日本の資源と工業

月　日

1 日本の資源エネルギーについて、次の問いに答えなさい。

(1)　グラフⅠ中のXにあてはまる鉱産資源と、Yに共通してあてはまる国を答えなさい。　X〔　　　　　〕

Y〔　　　　　〕

グラフⅠ　日本の鉱産資源の輸入先

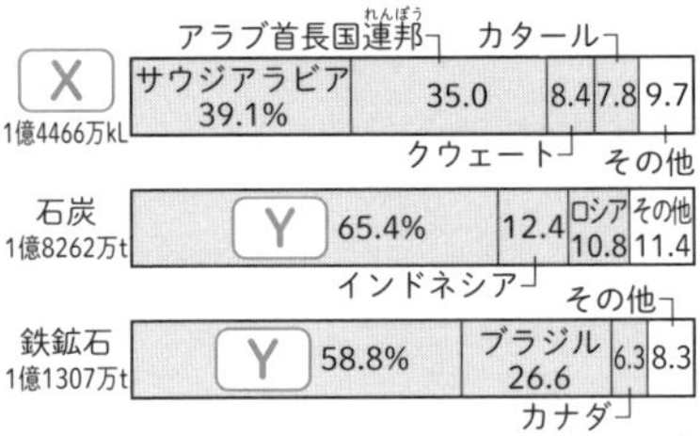

（2021年）（日本国勢図会）

(2)　グラフⅡ中のA～Cにあてはまる発電の種類を、［　　］から１つずつ選びなさい。

火力　水力　原子力

A〔　　　　〕B〔　　　　〕C〔　　　　〕

グラフⅡ　日本の発電量の内訳

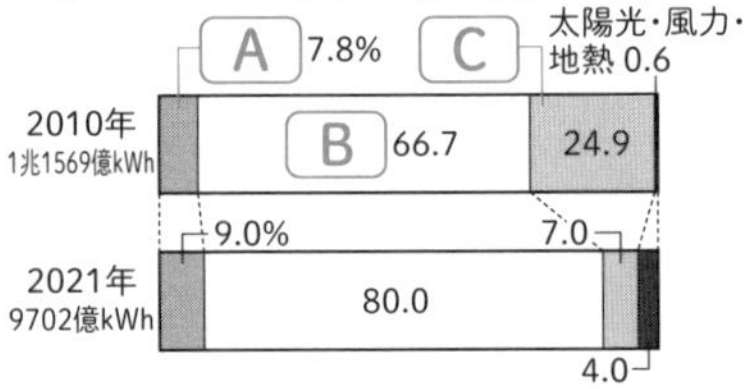

（日本国勢図会）

(3)　グラフⅡ中の、太陽光、風力、地熱など、くり返し使える自然エネルギーをまとめて何といいますか。

〔　　　　　　　　〕

2 日本の主な工業地帯・地域について、次の問いに答えなさい。

(1)　地図中のXが示す工業地帯の名前を答えなさい。

〔　　　　　工業地帯〕

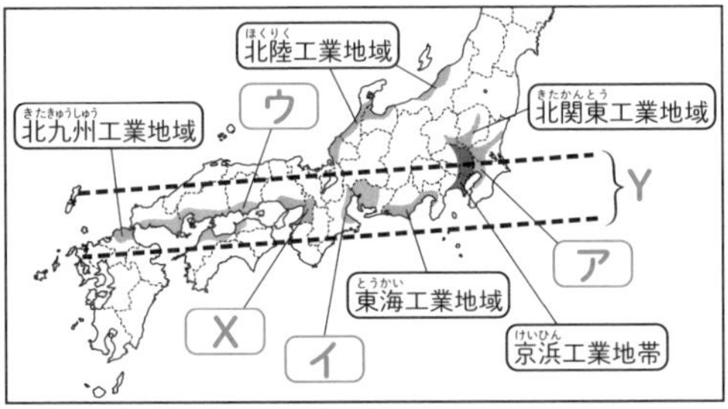

(2)　地図中のYが示す、工業がさかんな地域一帯を何といいますか。〔　　　　　〕

(3)　右のグラフのZが示す、工業地帯・地域を地図中のア～ウから１つ選びなさい。〔　　〕

ある工業地帯・地域と全国の工業出荷額の割合

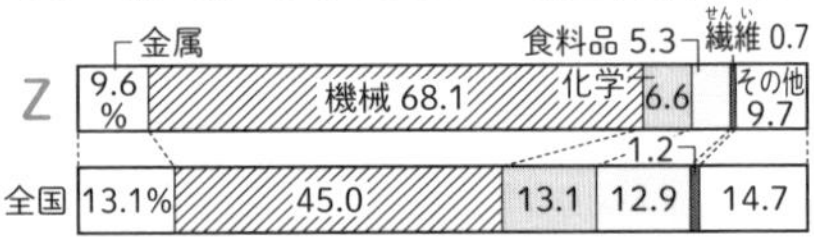

（2020年）（日本国勢図会）

ヒント
1 (1) Xは、西アジアのペルシャ湾《わん》沿岸で産出量が多い鉱産資源です。
2 (3) 全国とくらべて、機械の出荷額の割合が高いことに着目しましょう。

何問できた？　9問中　　問

解答 → P.111

日本の農林水産業と商業

月　　日

2学期を先取り！

★日本の農業・林業・漁業の特徴《とくちょう》…**第一次産業**に含《ふく》まれる。

・貿易の自由化などの影響《えいきょう》で、低価格の輸入品が増加。

→食料自給率の低下が進む。

・大都市からはなれた地方に従事者が多い。

→農業従事者の低下や高齢《こうれい》化、後継者《こうけいしゃ》不足が問題となっている。

★日本の商業・サービス業の特徴…**第三次産業**に含まれる。

・日本では、農林水産業や工業よりも従事者が多い。→大都市でさかん。

・インターネットの普及《ふきゅう》などにより、種類が増えている。

1 資料を見て、次の問いに答えなさい。

資料Ⅰ
日本の産業別人口構成の割合

(2021年)(データブック オブ・ザ・ワールド)

⑴　第一次産業(農業、林業、漁業)にあてはまるものを、資料Ⅰ中のア～ウから1つ選びなさい。〔　　　〕

⑵　資料Ⅱ中のA～Cには、日本、フランス、カナダがあてはまります。A～Cのうち、日本を示すものはどれですか。〔　　　〕

資料Ⅱ　主な国の食料自給率(カロリーベース)の変化　(%)

国	2000年	2010年	2015年	2019年
A	161	225	255	233
B	132	130	132	131
C	40	39	39	38

(世界国勢図会)

⑶　資料Ⅲ中のXにあてはまる語句を、次の**ア**～**ウ**から1つ選びなさい。〔　　　〕

ア　製造品出荷額　　**イ**　工業生産額

ウ　年間商品販売《はんばい》額

資料Ⅲ　都道府県別の X

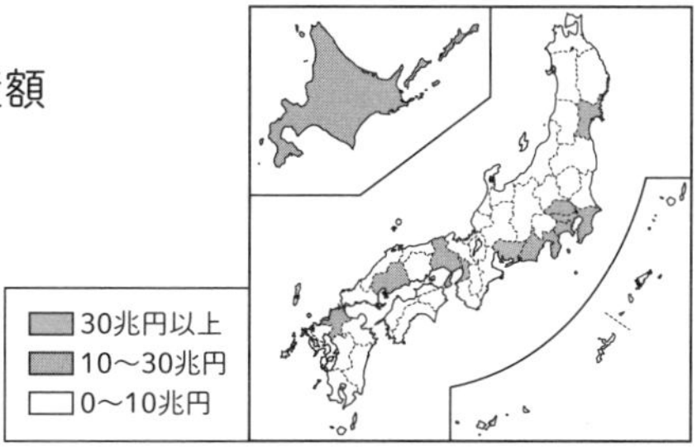

(2020年)(日本国勢図会)

⑷　次の［　　］は、第一次産業、第二次産業、第三次産業のうち、どれに分類されますか。〔　　　〕

情報通信業　金融《きんゆう》業　運輸業

世界と日本の結びつき

月　日

★国内における旅客や貨物の輸送手段

日本では、旅客・貨物ともに**自動車**での輸送割合が高い。

- **自動車**→1960年代以降、高速道路の整備が進む。
- **鉄道**→自動車での輸送が増えるにつれて減少している。
- **航空機**→軽くて高価な工業製品を運ぶのに利用される。
- **船舶**《せんぱく》→重くて体積が大きい原料や工業製品を運ぶのに利用される。

1 資料を見て、次の問いに答えなさい。

(1) 資料Ⅰ中のX～Zにあてはまる輸送手段を、[　　]から1つずつ選びなさい。　X〔　　〕

Y〔　　〕　Z〔　　〕

自動車　　鉄道　　航空機

資料Ⅰ　日本の国内輸送の内訳

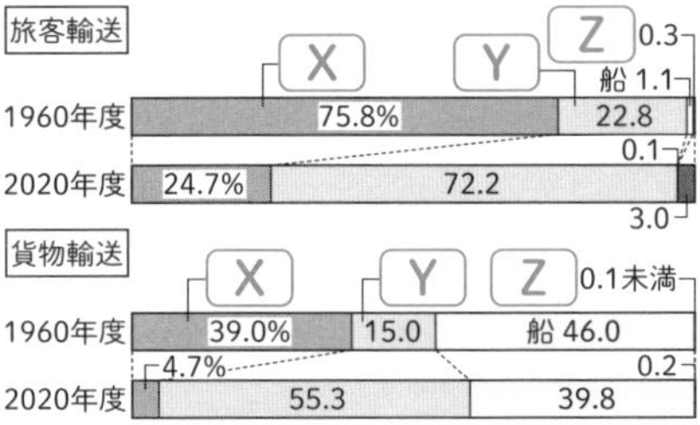

（「日本国勢図会」ほか）

(2) 資料Ⅱ中のA・Bにあてはまるのは、次のア・イのうち、どちらですか。1つずつ選びなさい。

A〔　　〕　B〔　　〕

ア　原油(石油)　　イ　半導体

資料Ⅱ　日本の輸入における航空輸送と海上輸送の内訳

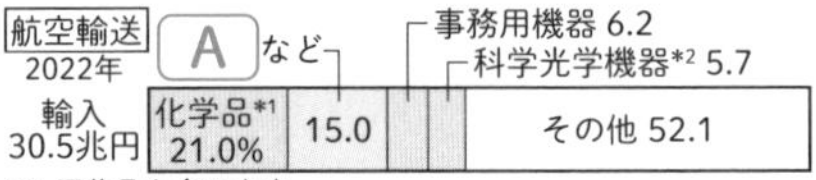

*1 医薬品を含みます。
*2 科学光学機器…レンズ、顕微鏡など。

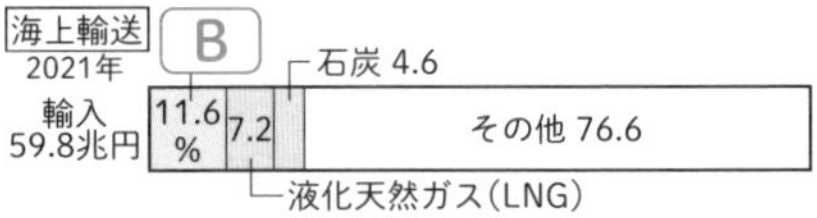

（日本国勢図会）

(3) 資料Ⅲ中は、名古屋《なごや》港、成《なり》田《た》国際空港の主な輸出品を表したものです。成田国際空港は、資料Ⅲ中のア・イのうち、どちらですか。〔　　〕

資料Ⅲ　主な港(空港)の輸出品

港（空港）	ア	イ
上位3つの輸出品	自動車 自動車部品 内燃機関	半導体など 科学光学機器 金(非貨幣《ひかへい》用)

（金額にしめる割合）　（2021年）（日本国勢図会）

理科 1

化学変化と原子・分子

加熱による分解

月　日

1 図のように、炭酸水素ナトリウムを試験管Aに入れて加熱すると、気体が発生しました。また、試験管Aの口には液体がつき、加熱部分には白い固体Xが残りました。次の問いに答えなさい。

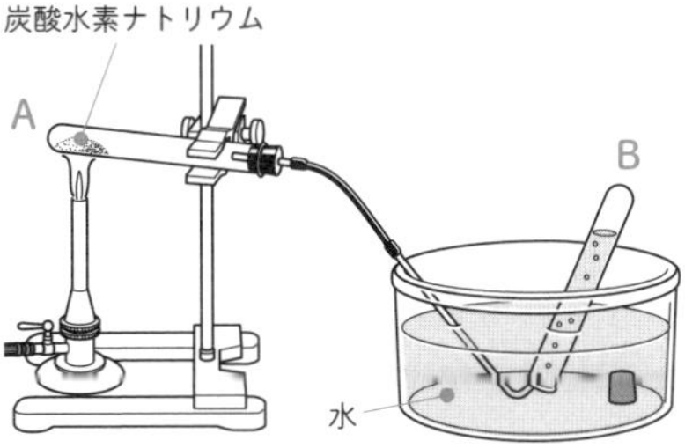

(1)　試験管Bに集まった気体に石灰水《せっかいすい》を入れて振《ふ》ると、石灰水はどうなりますか。〔　　　　〕

(2)　(1)から、試験管Bに集まった気体は何だとわかりますか。〔　　　　〕

(3)　試験管Aの口についた液体を青色の塩化コバルト紙につけると、塩化コバルト紙は何色に変わりますか。〔　　　　〕

(4)　(3)から、試験管Aの口についた液体は何だとわかりますか。〔　　　　〕

(5)　試験管Aに残った固体Xと炭酸水素ナトリウムの性質を比べました。

①　固体Xと炭酸水素ナトリウムでは、どちらのほうが水にとけやすいですか。〔　　　　〕

②　水にとかしてからフェノールフタレイン溶液《ようえき》を加えたとき、固体Xと炭酸水素ナトリウムでは、どちらのほうが赤色が濃《こ》くなりますか。〔　　　　〕

③　固体Xは、何という物質ですか。〔　　　　〕

(6)　この実験のように、もとの物質とは異なる物質ができる変化を何といいますか。〔　　　　〕

(7)　(6)のうち、1種類の物質が2種類以上の別の物質に分かれる変化を何といいますか。〔　　　　〕

＼ヒント／

1 (5)②　フェノールフタレイン溶液は、アルカリ性では赤色を示し、アルカリ性が強いほど赤色が濃くなります。

理科 1

何問できた？　9問中　　問

理科 2

化学変化と原子・分子

電流による分解

月　日

1 **図のような装置を使い、少量の水酸化ナトリウムをとかした水に電流を流すと、陰極《いんきょく》と陽極の両方から気体が発生しました。次の問いに答えなさい。**

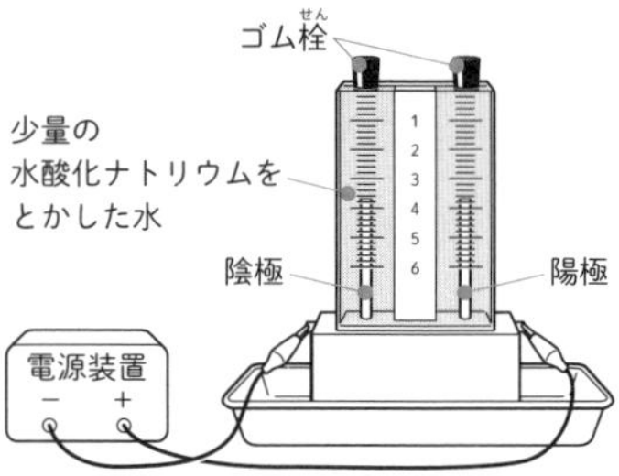

⑴　下線部のように、純粋《じゅんすい》な水ではなく、少量の水酸化ナトリウムをとかした水を使うのはなぜですか。

〔　　　　　　　　〕

⑵　陰極と陽極から発生した気体の体積の比を、最も簡単な整数の比で答えなさい。　陰極：陽極＝〔　　　　〕

⑶　陰極から発生した気体に火がついたマッチを近づけると、どうなりますか。〔　　　　〕

⑷　⑶から、陰極から発生した気体は何だとわかりますか。

〔　　　　〕

⑸　陽極から発生した気体に火がついた線香《せんこう》を入れると、どうなりますか。

〔　　　　〕

⑹　⑸から、陽極から発生した気体は何だとわかりますか。

〔　　　　〕

⑺　この実験のように、物質に電流を流して分解することを何といいますか。〔　　　　〕

＼ヒント／

1 ⑶〜⑹ 酸素にはほかの物質を燃やす性質、水素には気体自身が燃える性質があります。

理科 2

解答➜P.112

何問できた？

7問中　　問

原子と元素

月　　日

1 物質をつくる粒子《りゅうし》について、次の問いに答えなさい。

(1)　物質は、化学変化によってはそれ以上には分割《ぶんかつ》できない粒子でできています。この粒子を何といいますか。　〔　　　　　　　〕

(2)　(1)の性質として正しいものを、次の**ア**～**エ**からすべて選びなさい。　〔　　　　　　　〕

ア　どの原子も、大きさは同じである。

イ　原子の種類によって、質量が決まっている。

ウ　化学変化によって、ほかの種類の原子に変わることはない。

エ　化学変化によって、なくなったり、新しくできたりする。

(3)　原子の種類を何といいますか。　〔　　　　　　　〕

(4)　(3)をアルファベット1文字または2文字で表した記号を何といいますか。　〔　　　　　　　〕

(5)　(3)を、性質がよく似たものが縦の列に並ぶように整理した表を何といいますか。　〔　　　　　　　〕

2 次の元素を、元素記号で表しなさい。

(1)　水素　〔　　　〕

(2)　酸素　〔　　　〕

(3)　ナトリウム　〔　　　〕

(4)　塩素　〔　　　〕

＼ヒント／

2 元素記号は、アルファベットの1文字目は大文字、2文字目は小文字で表します。

何問できた？

9問中　　　問

分子と化学式

月　日

1 **水素や酸素、水などの物質は、何個かの原子が結びついた粒子《りゅうし》として存在しています。次の問いに答えなさい。**

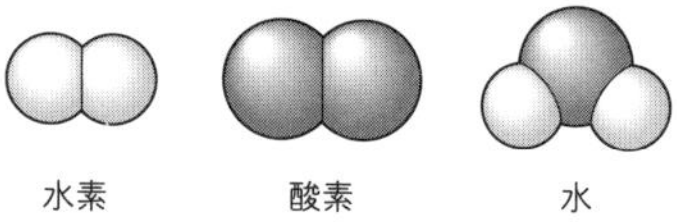

(1) いくつかの原子が結びついた、物質の性質を示す最小の粒子を何といいますか。〔　　　　〕

(2) 元素記号を使って物質を表したものを何といいますか。〔　　　　〕

(3) 水素、酸素、水を、(2)で表しなさい。

水素〔　　　　〕　酸素〔　　　　〕　水〔　　　　〕

2 **分子をつくらない物質について、次の問いに答えなさい。**

(1) 次の物質を、化学式で表しなさい。

① マグネシウム〔　　　　〕

② 塩化ナトリウム〔　　　　〕

(2) 次の化学式が表す物質は何ですか。

① Fe〔　　　　〕

② $NaHCO_3$〔　　　　〕

ヒント

1 (3) 同じ原子の数が2個以上のときは、その数を元素記号の右下に小さく書いて表します。

2 (1)② 塩化ナトリウムはナトリウム原子と塩素原子が1：1の比で集まってできているので、ナトリウム原子1個と塩素原子1個の組を代表させて表します。

物質の分類

月　日

1 図は、物質の分類を表したものです。あとの問いに答えなさい。

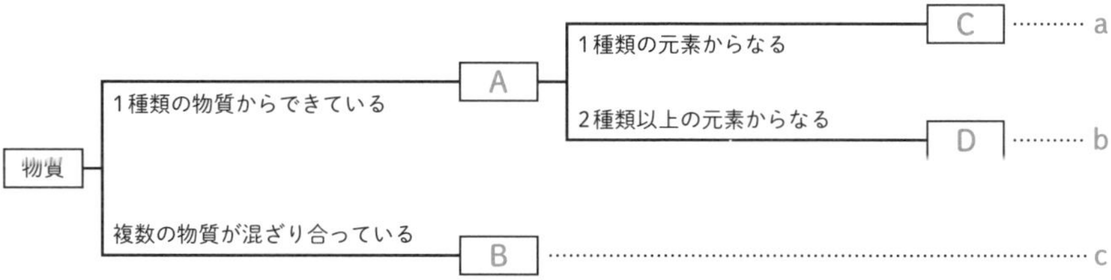

⑴　A～Dにあてはまる言葉を書きなさい。

A〔　　　　　　〕　B〔　　　　　　〕

C〔　　　　　　〕　D〔　　　　　　〕

⑵　次の①～⑤の物質は、a～cのどれに分類されますか。

① 塩化ナトリウム　〔　　〕

② 塩酸　〔　　〕

③ 酸素　〔　　〕

④ 銅　〔　　〕

⑤ 二酸化炭素　〔　　〕

＼ヒント／

1 ⑵② 塩酸は、塩化水素の水溶液《すいようえき》です。

解答 ➔ P.113

何問できた？　9問中　　問

化学変化と原子・分子

硫黄《いおう》と結びつく変化

月　　日

1 **図のように、鉄と硫黄の混合物を試験管A、Bに分け、試験管Bだけを加熱しました。反応が終わった後、十分に冷ましてから、試験管A、Bの中の物質の性質を調べました。次の問いに答えなさい。**

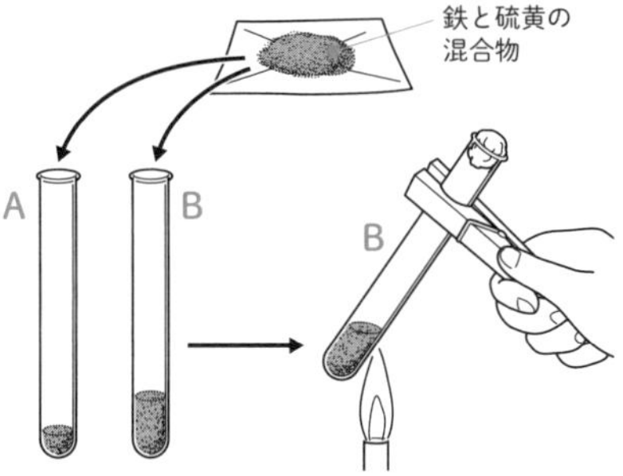

(1)　試験管A、Bに磁石を近づけたときのようすとして正しいものを、次の**ア**～**エ**から選びなさい。〔　　〕

ア　どちらの試験管も引きつけられた。

イ　試験管Aだけ引きつけられた。

ウ　試験管Bだけ引きつけられた。

エ　どちらの試験管も引きつけられなかった。

(2)　試験管A、Bにうすい塩酸を加えると、どちらからも気体が発生しました。発生した気体の性質は、次の**ア**、**イ**のどちらですか。

ア　においがない。　A〔　　〕　B〔　　〕

イ　卵がくさったようなにおいがする。

(3)　試験管Bにできた物質は何ですか。〔　　　　〕

(4)　鉄と硫黄が結びついて(3)になる化学変化を、化学反応式で表しなさい。

〔　　　　　　　　〕

＼ヒント／

1 (2) 試験管Bからは硫《りゅう》化《か》水《すい》素《そ》が発生します。

解答 ➔ P.113

何問できた？

5問中　　問

酸素と結びつく変化

月　日

1 **図のように、火をつけたスチールウール(鉄)に酸素を入れた集気びんをかぶせると、熱や光を出しながら激しく反応し、黒い物質が残りました。次の問いに答えなさい。**

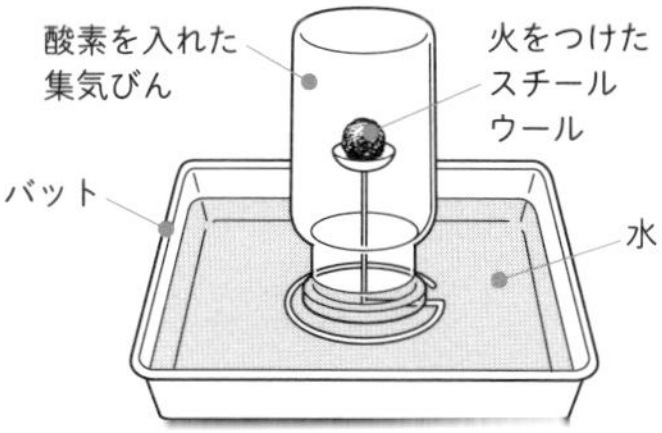

⑴　反応後、集気びんの中の水面はどうなりますか。次の**ア**～**ウ**から選びなさい。　〔　　〕

ア　上がる。　**イ**　下がる。　**ウ**　変わらない。

⑵　残った黒い物質の質量は、反応前のスチールウールの質量と比べてどうなっていますか。次の**ア**～**ウ**から選びなさい。　〔　　〕

ア　増えている。　**イ**　減っている。　**ウ**　変わっていない。

⑶　スチールウールと残った黒い物質をうすい塩酸に入れたときのようすとして正しいものを、次の**ア**、**イ**から選びなさい。

スチールウール〔　　〕　黒い物質〔　　〕

ア　気体を発生しながらとける。

イ　変化が見られない。

⑷　残った黒い物質は何ですか。　〔　　〕

⑸　⑷は、鉄が何という物質と結びついてできたものですか。

〔　　〕

⑹　物質が⑸と結びつく化学変化を何といいますか。

〔　　〕

⑺　物質が⑸と結びついてできる物質を何といいますか。

〔　　〕

⑻　⑹のうち、熱や光を出しながら激しく起こるものを何といいますか。

〔　　〕

＼ヒント／

1 ⑴⑵⑸⑹ スチールウールは、熱や光を出しながら、集気びんの中の物質と結びつきます。
⑶ 鉄や亜鉛《あえん》などの金属にうすい塩酸を加えると、水素が発生します。

何問できた？　9問中　問

酸素をうばいとる変化

月　日

1 図のように、試験管Aに酸化銅と炭素の混合物を入れて加熱すると、気体が発生し、試験管Bの石灰水《せっかいすい》が白くにごりました。また、試験管Aには、赤色の固体が残りました。次の問いに答えなさい。

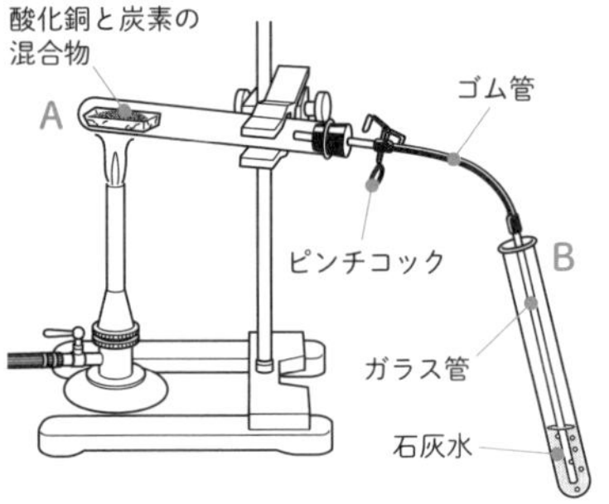

(1) この実験で、加熱をやめる前にガラス管を石灰水からとり出すのはなぜですか。

〔　　　　　　　　　　　　　　　　　　　　　　　〕

(2) 石灰水の変化から、発生した気体は何だとわかりますか。

〔　　　　　　　〕

(3) 試験管Aに残った赤色の固体を薬さじで強くこすると、特有の光沢《こうたく》が出ました。この固体は何ですか。

〔　　　　　　　〕

(4) この実験で起こった反応を、化学反応式で表しなさい。

〔　　　　　　　　　　　　〕

(5) この実験で酸化銅と炭素に起こった化学変化を、それぞれ何といいますか。　酸化銅〔　　　　　　　〕 炭素〔　　　　　　　〕

＼ヒント／

1 (1) 熱くなった試験管が急に冷やされると、割れることがあり、危険です。
(3) こすると特有の光沢が出たことから、この赤色の固体は金属であることがわかります。
(4)(5) 酸化銅は酸素をうばわれ、炭素は酸素と結びついています。

化学変化と質量の変化

月　日

1 **図のように、ふたつきの容器に炭酸水素ナトリウムとうすい塩酸を別々に入れて密閉し、容器全体の質量をはかりました。その後、容器を傾《かたむ》けて炭酸水素ナトリウムとうすい塩酸を反応させました。次の問いに答えなさい。**

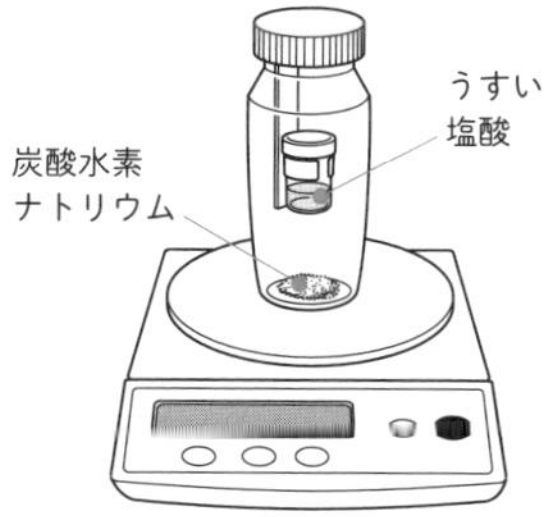

⑴　炭酸水素ナトリウムとうすい塩酸が反応すると、何という気体が発生しますか。
〔　　　　　　　　〕

⑵　反応後、容器全体の質量をはかると、反応前と比べてどうなっていますか。次の**ア**～**ウ**から選びなさい。〔　　〕

ア　反応前よりも大きくなっている。

イ　反応前よりも小さくなっている。

ウ　反応前と変わっていない。

⑶　⑵のようになるのは、何という法則が成り立つからですか。
〔　　　　　　　　〕

⑷　⑵の後、容器のふたをゆるめてから、容器全体の質量をはかりました。ふたをゆるめる前と比べて、質量はどうなりますか。
〔　　　　　　　　〕

⑸　⑷のようになるのはなぜですか。
〔　　　　　　　　〕

＼ヒント／

1 ⑵ 化学変化では、物質をつくる原子の組み合わせは変化しますが、種類や数は変化しません。
⑷⑸ 反応後にふたをゆるめると、プシュッと音がします。

何問できた？　5問中　　問

化学変化と原子・分子

化学変化における質量の割合

月　日

1 図のように、銅の粉末をステンレス皿上で完全に酸化し、反応前後の質量をはかりました。表は、そのときの結果を表しています。あとの問いに答えなさい。

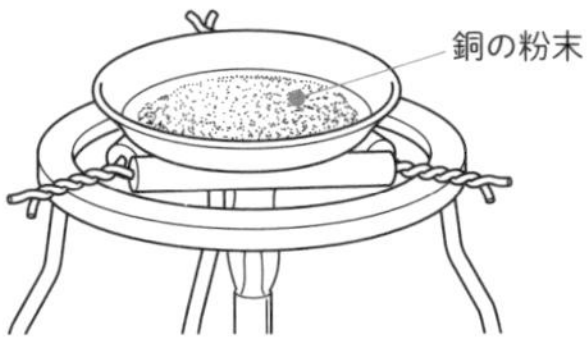

加熱前の質量〔g〕	0.40	0.80	1.20	1.60	2.00
加熱後の質量〔g〕	0.50	1.00	1.50	2.00	2.50

(1)　銅を酸化すると、何という物質ができますか。〔　　　　　〕

(2)　銅の酸化を、化学反応式で表しなさい。

〔　　　　　〕

(3)　銅を酸化したときに、結びつく銅と酸素の質量の関係を、グラフに表しなさい。

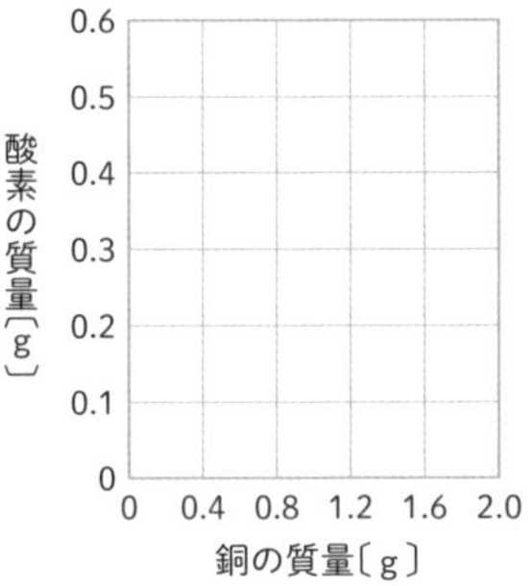

(4)　銅を酸化したときに、結びつく銅と酸素の質量の比を、最も簡単な整数の比で表しなさい。　　銅：酸素＝〔　　　　　〕

(5)　銅の粉末10.0gを完全に酸化すると、何gの酸素が結びつきますか。

〔　　　　　〕

(6)　銅の粉末5.0gを完全に酸化すると、(1)は何gできますか。

〔　　　　　〕

＼ヒント／

1 (3) 銅と結びついた酸素の分だけ、ステンレス皿上の物質の質量は大きくなります。

化学変化と熱

月　日

1 **図のように、鉄粉と活性炭の混合物をビーカーに入れ、食塩水を加えてよく混ぜたところ、温度が上がりました。次の問いに答えなさい。**

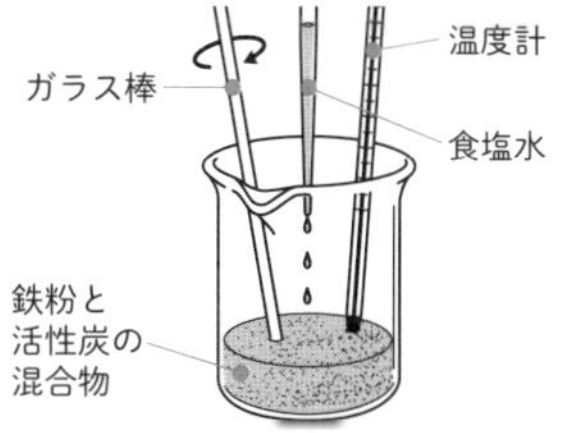

⑴　温度が上がったのは、化学変化によって熱が発生したからですか、熱を吸収したからですか。〔　　　　　　　〕

⑵　⑴のような熱の出入りがある化学変化を何といいますか。〔　　　　　　　〕

⑶　⑵にあてはまる化学変化を、次の**ア**～**ウ**からすべて選びなさい。〔　　　　　　　〕

ア　酸化カルシウムに水を加える。

イ　炭酸水素ナトリウムにレモン汁《じる》(クエン酸)を加える。

ウ　メタンを燃焼させる。

2 **図のように、ビーカーの中で塩化アンモニウムと水酸化バリウムを混ぜ合わせたところ、温度が下がりました。次の問いに答えなさい。**

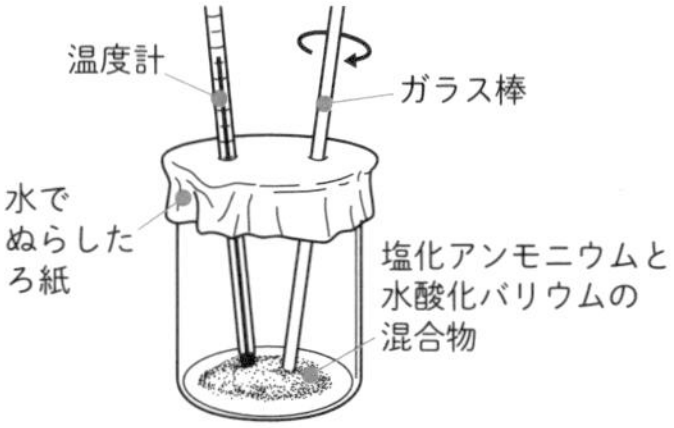

⑴　温度が下がったのは、化学変化によって熱が発生したからですか、熱を吸収したからですか。〔　　　　　　　〕

⑵　⑴のような熱の出入りがある化学変化を何といいますか。〔　　　　　　　〕

⑶　この実験で、水でぬらしたろ紙でビーカーにふたをするのはなぜですか。〔　　　　　　　〕

\ヒント/

1 ⑴⑵ この化学変化は、使い捨てかいろに使われています。

2 ⑶ 塩化アンモニウムと水酸化バリウムが反応すると、アンモニアが発生します。

細胞《さいぼう》の観察

月　日

1 **タマネギの内側の表皮をはがして切りとった後、プレパラートをつくり、顕微鏡《けんびきょう》で観察しました。次の問いに答えなさい。**

(1) プレパラートをつくるとき、カバーガラスを端《はし》からゆっくりと下げながらかぶせるのはなぜですか。

〔　　　　〕

(2) **図1**の顕微鏡で、A～Dの部分を何といいますか。

A〔　　　　〕
B〔　　　　〕
C〔　　　　〕
D〔　　　　〕

図1

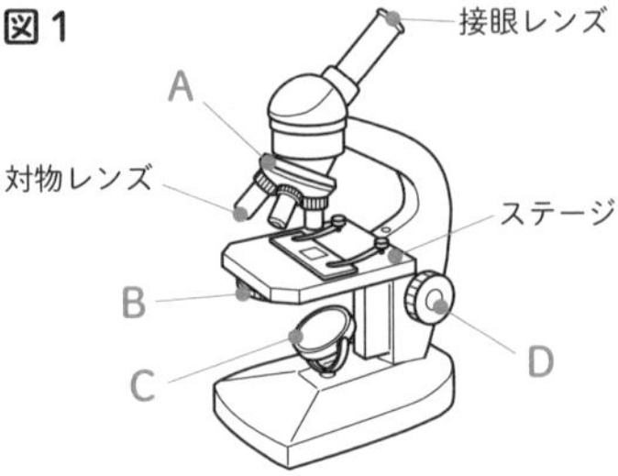

(3) 最初に低倍率で観察した後、高倍率にかえてくわしく観察しました。高倍率にすると、視野の広さと明るさはどうなりますか。

視野の広さ〔　　　　〕
視野の明るさ〔　　　　〕

(4) **図2**は、高倍率で観察したときのようすを表しています。**図2**に見られる、小さな部屋のようなつくりを何といいますか。〔　　　　〕

図2

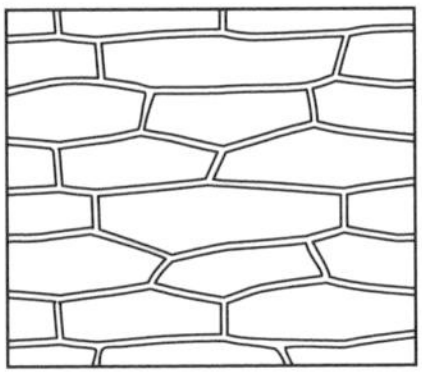

＼ヒント／

1 (2) Aは、対物レンズをかえるときに回します。BやCは、視野の明るさを調整するときに操作します。Dは、ステージと対物レンズを近づけたり遠ざけたりするときに回します。
(3) 高倍率にするほど、せまい部分をより拡大して観察することになります。

理科 12

何問できた？ 8問中　問

細胞《さいぼう》のつくり

月　日

1 **図は、オオカナダモの葉の細胞とヒトのほおの内側の細胞を染《せん》色《しょく》し、顕微鏡《けんびきょう》で観察したときのものです。次の問いに答えなさい。**

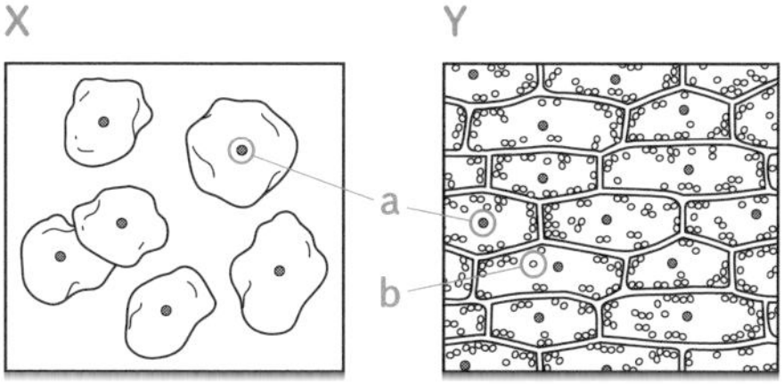

(1)　細胞を染色するには、次の**ア**～**エ**のどれを使えばよいですか。

ア　エタノール　　**イ**　酢酸《さくさん》オルセイン溶液《ようえき》　〔　　〕

ウ　石灰水《せっかいすい》　　**エ**　ヨウ素液

(2)　X、Yの両方に見られる、よく染色された丸い粒《つぶ》aを何といいますか。

〔　　　　〕

(3)　Yだけに見られる、緑色の粒bを何といいますか。

〔　　　　〕

(4)　Yは、細胞１個１個がしっかりとしたつくりで仕切られています。この仕切りを何といいますか。　〔　　　　〕

(5)　オオカナダモの葉の細胞は、X、Yのどちらですか。　〔　　〕

(6)　次の文の〔　　〕に適切な言葉を書きなさい。

○細胞のつくりのうち、(2)のまわりにあるものをまとめて①〔　　　　〕という。①のいちばん外側はうすい膜《まく》になっていて、これを②〔　　　　〕という。

＼ヒント／

1 (4)(5) 植物の細胞は、じょうぶなつくりで仕切られています。この仕切りは、植物の体を支えるのに役立っています。

解答 → P.115

何問できた？　7問中　　問

細《さい》胞《ぼう》と生物の体

月　日

1 図は、ツバキの体のつくりの成り立ちを表したものです。あとの問いに答えなさい。

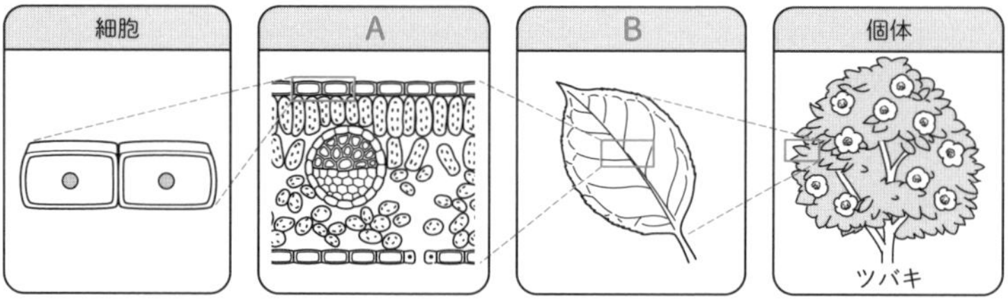

(1) ツバキのように、体がたくさんの細胞でできている生物を何といいますか。〔　　　〕

(2) (1)の体では、形やはたらきが同じ細胞が集まってAをつくっています。Aを何といいますか。〔　　　〕

(3) Bは、何種類かのAが集まり、特定のはたらきをするようになったものです。Bを何といいますか。〔　　　〕

(4) ツバキとは異なり、体が1個の細胞だけでできている生物を何といいますか。〔　　　〕

2 図は、細胞が生きていくためのエネルギーを得るはたらきを、模式的に表したものです。次の問いに答えなさい。

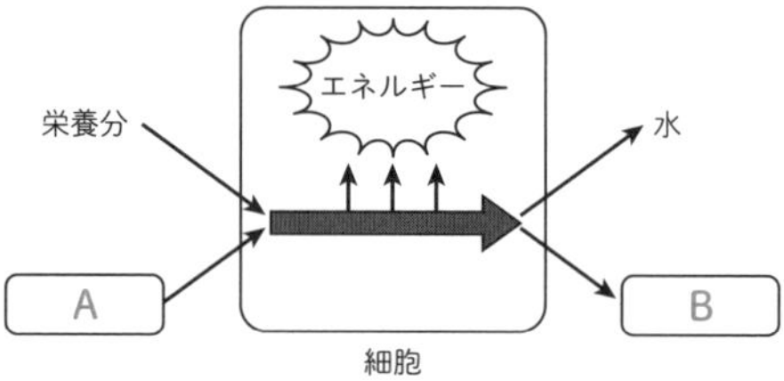

(1) 図のようなはたらきを何といいますか。〔　　　〕

(2) A、Bにあてはまる物質は何ですか。

A〔　　　〕 B〔　　　〕

ヒント

1 (3) ツバキだと葉や茎《くき》、ヒトだと胃や腸がBにあてはまります。
(4) ゾウリムシやアメーバの体は、1個の細胞だけでできています。

何問できた？ 7問中　問

光合成が行われる場所

月　日

1 次の観察について、あとの問いに答えなさい。

〔観察１〕 数時間日光に当てたオオカナダモAと日光を当てずにおいたオオカナダモBを用意し、それぞれの葉を顕微鏡《けんびきょう》で観察すると、どちらの葉の細胞《さいぼう》にも緑色の粒《つぶ》が見られた。

〔観察２〕〔観察１〕で観察した葉を熱湯につけた後、ヨウ素液を使って顕微鏡で観察すると、Aの葉では緑色の粒が青紫《あおむらさき》色《いろ》になっていた。Bの葉では、変化が見られなかった。

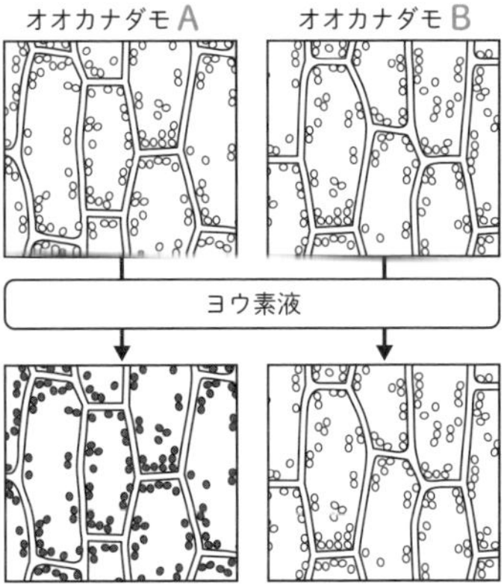

(1) 〔観察１〕で見られた緑色の粒は何ですか。〔　　　　〕

(2) 〔観察２〕で青紫色になった粒には、何という物質ができていることがわかりますか。〔　　　　〕

(3) 植物が(2)をつくるはたらきを何といいますか。〔　　　　〕

(4) 〔観察２〕から、(3)は葉の細胞の何というつくりで行われることがわかりますか。〔　　　　〕

(5) 〔観察２〕で、Bの葉では緑色の粒に変化が見られなかったことから、(3)には何が必要であるといえますか。〔　　　　〕

ヒント

1 (1) 植物の葉の細胞には、核《かく》や葉緑体、液胞《えきほう》などのつくりが見られます。
(5) オオカナダモAとBでは、葉に日光が当たっているかどうかがちがいます。

解答 ➔ P.115

何問できた？ 5問中　問

光合成に必要な物質

月　　日

1 次の実験について、あとの問いに答えなさい。

〔実験〕 青色のＢＴＢ溶液《ようえき》に息を吹《ふ》きこんで黄色に調整し、試験管Ａ、Ｂに入れた。次に、図のように、試験管Ｂだけにオオカナダモを入れ、両方の試験管にゴム栓《せん》をした。その後、両方の試験管を１時間日光に当て、ＢＴＢ溶液の色の変化を調べた。

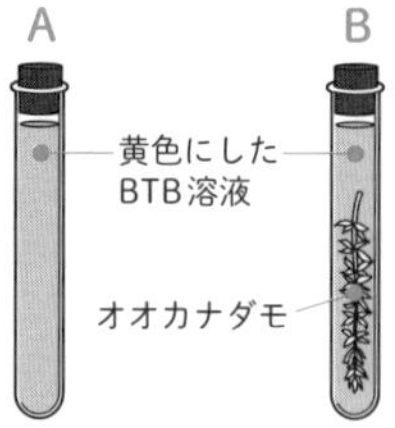

⑴　この実験のように、調べたい１つの条件だけを変え、ほかの条件をすべて同じにして行う実験を何といいますか。　〔　　　　　〕

⑵　下線部について、ＢＴＢ溶液に息を吹きこんだのは、液中の何という物質を増やすためですか。　〔　　　　　〕

⑶　１時間後、試験管Ａ、ＢのＢＴＢ溶液の色はどうなりますか。次の**ア**、**イ**から選びなさい。　Ａ〔　　　〕　Ｂ〔　　　〕

ア　黄色のまま変化しない。

イ　青色になる。

⑷　⑶から、オオカナダモが光合成を行うとき、何という物質が使われることがわかりますか。　〔　　　　　〕

⑸　植物が光合成を行うとき、出される気体は何ですか。

〔　　　　　〕

＼ヒント／

1 ⑵ ＢＴＢ溶液は、酸性では黄色、中性では緑色、アルカリ性では青色を示します。
⑶ 液中の⑵の量が減ると、ＢＴＢ溶液は青色に戻《もど》ります。

何問できた？　6問中　　問

植物と呼吸

月　日

1 次の実験について、あとの問いに答えなさい。

〔実験〕 図のように、空気と植物を入れたポリエチレンの袋《ふくろ》Aと、空気だけを入れたポリエチレンの袋Bを用意し、暗いところに一晩置いた。その後、袋の中の空気を石灰水《せっかいすい》に通し、石灰水の変化を調べた。

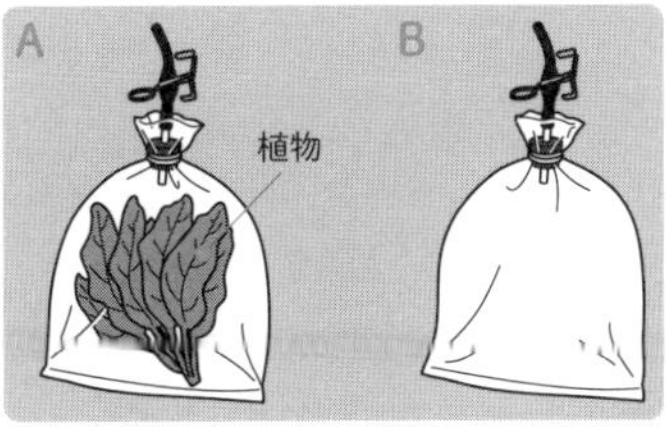

(1) 袋A、Bの中の空気を石灰水に通すと、石灰水はどうなりましたか。

A〔　　　　　　　　〕
B〔　　　　　　　　〕

(2) (1)から、植物のはたらきによって、何という物質が出されたことがわかりますか。〔　　　　　　　　〕

(3) (2)を出す植物のはたらきを何といいますか。〔　　　　　　　　〕

2 図は、植物の気体の出入りをまとめたものです。A、Bにあてはまる植物のはたらきと、X、Yにあてはまる気体の名前を答えなさい。

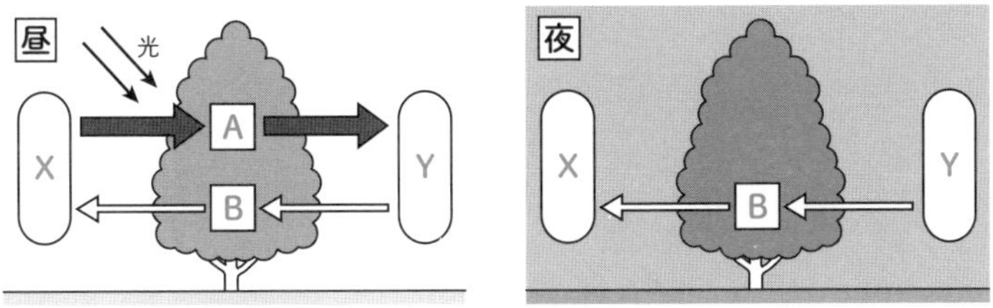

A〔　　　　　　　　〕 B〔　　　　　　　　〕
X〔　　　　　　　　〕 Y〔　　　　　　　　〕

\ヒント/

2 植物が光合成を行うのは、日光が当たっているときです。

何問できた？ 8問中　　問

葉のつくり

月　日

1 図は、植物の葉のつくりを模式的に表したものです。次の問いに答えなさい。

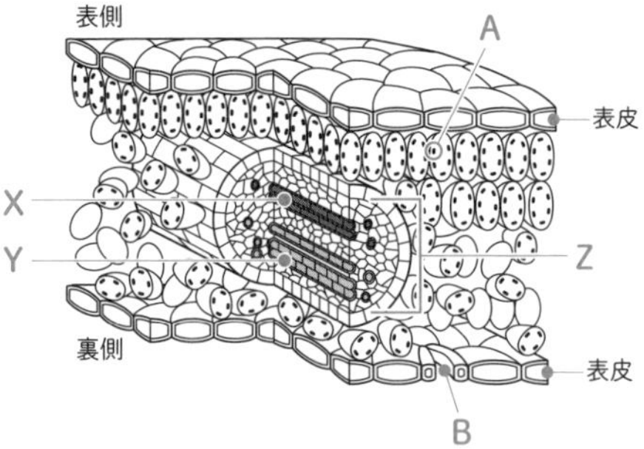

(1) 葉の細胞《さいぼう》に多く見られる緑色の粒《つぶ》Aを何といいますか。
〔　　　　　〕

(2) 葉の裏側の表皮に多く見られる、細長い２つの細胞にはさまれた穴Bを何といいますか。
〔　　　　　〕

(3) 植物が(2)を通してとり入れる気体を、２つ答えなさい。
〔　　　　　〕〔　　　　　〕

(4) 葉の葉脈には、根から吸い上げた水や養分を運ぶ管や、葉でつくられた栄養分を運ぶ管があります。

① 根から吸い上げた水や養分を運ぶ管を何といいますか。
〔　　　　　〕

② 葉でつくられた栄養分を運ぶ管を何といいますか。
〔　　　　　〕

③ ②は、図のX、Yのどちらですか。〔　　〕

④ 何本かの①や②が集まって束になった部分Zを何といいますか。
〔　　　　　〕

＼ヒント／

1 (1) Aでは、光合成が行われます。
(2) Bは、気体の出入り口としてはたらきます。
(3) 植物は、Bからとり入れた気体を使って、光合成や呼吸を行います。

解答➔P.116

何問できた？ 8問中　　問

植物と水

月　日

★蒸散《じょうさん》…植物の体内の水が、水蒸気となって体外に出ていくこと。
蒸散は、おもに葉の気孔《きこう》から行われる。
気孔は葉の裏側に多いので、葉の裏側からの蒸散量が多い。

1 **次の実験について、あとの問いに答えなさい。**

やってみよう

〔実験〕 葉の数や大きさが同じ枝を４本用意し、図のように処理した後、同じ量の水を入れたメスシリンダーにさした。水面に油をたらした後、日光が当たる場所に３時間おいたところ、どのメスシリンダーも水の量が減っていた。

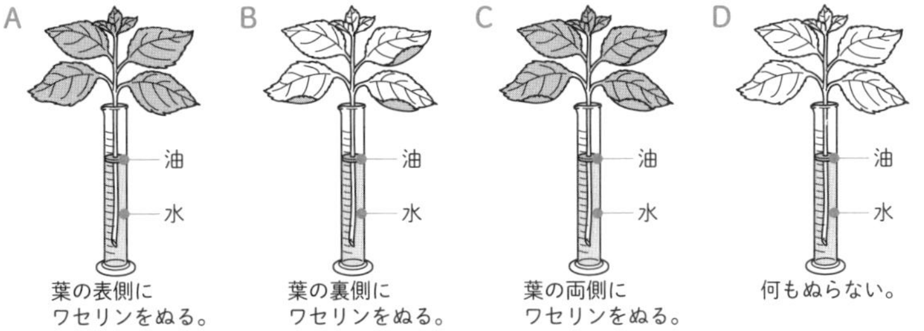

葉の表側にワセリンをぬる。
葉の裏側にワセリンをぬる。
葉の両側にワセリンをぬる。
何もぬらない。

⑴ 葉にワセリンをぬったのは、葉の何という部分をふさぐためですか。
〔　　　　　〕

⑵ この実験で、水面に油をたらしておくのはなぜですか。
〔　　　　　〕

⑶ メスシリンダー内の水が減ったのは、植物が何というはたらきを行ったからですか。
〔　　　　　〕

⑷ 水の減り方が大きかった順に、A～Dを並べなさい。
〔　　　　　〕

⑸ この実験から、⑴は葉の表側と裏側のどちらに多くあることがわかりますか。
〔　　　　　〕

植物の水の通り道

月　日

★道管《どうかん》…根から吸収した水や養分を運ぶ管。

★師管《しかん》…葉でつくられた栄養分を運ぶ管。

★維管束《いかんそく》…道管や師管が集まって束になった部分。

被子植物《ひししょくぶつ》の茎《くき》の維管束

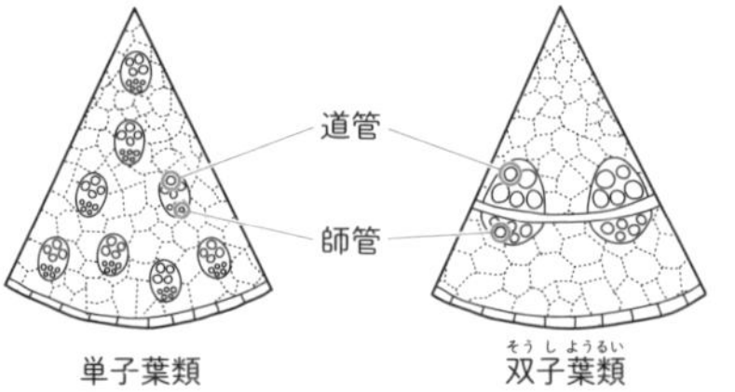

1 図は、ある植物の茎と根のつくりを模式的に表したものです。次の問いに答えなさい。

やってみよう

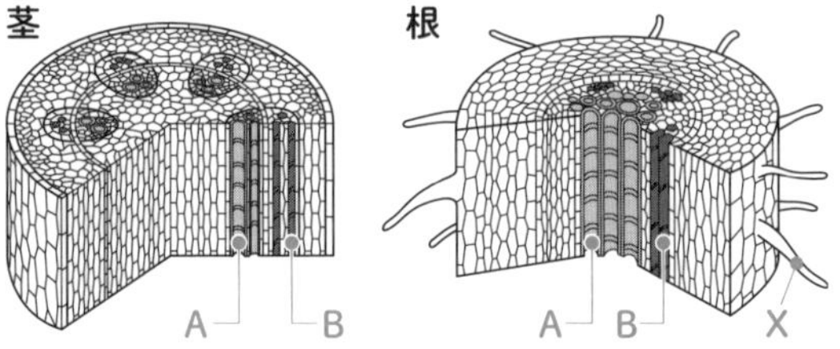

(1) A、Bの管を何といいますか。

A〔　　　　　〕 B〔　　　　　〕

(2) この植物の根から青く染色《せんしょく》した水を吸収させたとき、青く染まるのは、A、Bのどちらの管ですか。〔　　〕

(3) A、Bの管が集まって束になった部分を何といいますか。

〔　　　　　〕

(4) この植物は、ホウセンカとトウモロコシのどちらだと考えられますか。

〔　　　　　〕

(5) 根の先端《せんたん》に多く生えている、小さな毛のようなものXを何といいますか。〔　　　　　〕

(6) Xがあることで、植物が効率よく水や養分を吸収できるのはなぜですか。次の文の〔　　〕に適切な言葉を書きなさい。

○根の〔　　　　　　　〕が大きくなるから。

解答→P.116

何問できた?　7問中　　問

過去・過去進行形

月　　日

1 次の動詞の過去形を、______に書きなさい。

(1) cook ______　　(2) like ______

(3) study ______　　(4) stop ______

(5) know ______　　(6) get ______

(7) come ______　　(8) read ______

2 [　　] 内の指示にしたがって、書きかえなさい。

(1) Kenji eats breakfast.

［文末にthis morningを加えて、過去の文に］

______ this morning.

(2) We played basketball. ［過去進行形の文に］

We ______ basketball.

3 日本文に合うように、(　　)内の語を正しく並べかえなさい。

(1) 私は先月、父と魚つりに行きました。

I (fishing / with / went) my father last month.

I ______ my father last month.

(2) 彼《かの》女《じょ》は午後8時ごろ、テレビを見ていませんでした。

She (watching / was / TV / not) around 8 p.m.

She ______ around 8 p.m.

(3) そのとき、あなたは何をしていましたか。

What (at / doing / that / you / were) time?

What ______ time?

＼ヒント／

2 (1) eats の原形 eat は不規則動詞です。

3 (3)「そのとき（に）」を then 以外では何と言う？

何問できた？

13問中　　問

There is[are]

There is[are] ～の文

月　日

1 日本文に合うように、＿＿に適する１語を書きなさい。

(1) テーブルの上にリンゴが１つあります。

＿＿＿＿ ＿＿＿＿ an apple on the table.

(2) 机の上に、鉛筆《えんぴつ》が何本かあります。

＿＿＿＿ ＿＿＿＿ some pencils on the desk.

2 [　　] 内の指示にしたがって、書きかえなさい。

(1) There are some shops in the village.

［文末に ten years ago を加えて］

＿＿＿＿＿＿＿＿＿＿＿＿＿＿＿＿

in the village ten years ago.

(2) There is a restaurant in the mall.　［下線部を a lot of にかえて］

There ＿＿＿＿＿＿＿＿＿＿＿＿ in the mall.

3 日本文に合うように、(　　)内の語を正しく並べかえなさい。

(1) 車の下に、ネコが１匹《ぴき》います。

(a / is / there / cat) under the car.

＿＿＿＿＿＿＿＿＿＿＿＿ under the car.

(2) 公園に子どもは１人もいませんでした。

(any / were / there / not / children) in the park.

＿＿＿＿＿＿＿＿＿＿＿＿ in the park.

(3) その動物園にライオンはいますか。

(there / lions / in / any / are) the zoo?

＿＿＿＿＿＿＿＿＿＿＿＿ the zoo?

＼ヒント／

2 (2) 複数になることで、be 動詞と名詞の形がかわります。

3 (2)(3) any の位置に注意。

何問できた？　7問中　　問

英語 3

未来形

be going to ～

月　　日

1 日本文に合うように、＿＿＿に適する１語を書きなさい。

(1) 私は図書館へ行くつもりです。

I ＿＿＿＿ ＿＿＿＿ to go to the library.

(2) メグは東京へ旅行に行くつもりです。

Meg is ＿＿＿＿ ＿＿＿＿ travel to Tokyo.

2 be going toを使って、未来の文に書きかえなさい。

(1) They do the work soon.

They ＿＿＿＿＿＿＿＿ the work soon.

(2) Judy goes to the movie.

Judy ＿＿＿＿＿＿＿＿ to the movie.

3 日本文に合うように、(　　)内の語を正しく並べかえなさい。

(1) 私は午後にギターをひくつもりです。

I'm (to / going / the / play / guitar) in the afternoon.

I'm ＿＿＿＿＿＿＿＿ in the afternoon.

(2) 彼《かの》女《じょ》は明日、早くに家を出るつもりです。

(leave / she / going / to / home / is) early tomorrow.

＿＿＿＿＿＿＿＿ early tomorrow.

(3) ジャックは、今日はコンピュータを使うつもりです。

Jack (use / is / computer / to / the / going) today.

Jack ＿＿＿＿＿＿＿＿ today.

\ヒント/

2 (1) be動詞は主語によってかわるから、主語に注目しましょう。
(2) be going to のあとには動詞の原形が続きます。

英語 3

何問できた？

7問中　　　問

未来形

be going to ～の否定文・疑問文

月　日

1 日本文に合うように、＿＿に適する１語を書きなさい。

(1) 私は今日英語を勉強するつもりではありません。

I'm ＿＿＿＿ going to study English today.

(2) あなたはあのホテルに滞在《たいざい》する予定ですか。

＿＿＿＿ you ＿＿＿＿ to stay at that hotel?

2 [　] 内の指示にしたがって、書きかえなさい。

(1) He goes shopping with her.

[be going toを使って、「～するつもりはない」という文に]

He ＿＿＿＿＿＿＿＿ shopping with her.

(2) They arrive here at seven.

[be going toを使って、「～する予定ですか」という文に]

＿＿＿＿＿＿＿＿ here at seven?

(3) Mike is going to eat a hamburger for lunch.

[下線部をたずねる疑問文に]

＿＿＿＿＿＿＿＿ for lunch?

3 日本文に合うように、(　)内の語を正しく並べかえなさい。

(1) 私は彼女《かのじょ》に電話するつもりはありません。

(going / to / I'm / call / not) her.

＿＿＿＿＿＿＿＿ her.

(2) あなたは何時に入浴するつもりですか。

What time (to / you / going / take / are) a bath?

What time ＿＿＿＿＿＿＿＿ a bath?

\ヒント/

2 (3)〈疑問詞＋ be 動詞＋主語＋ going to ＋動詞の原形～？〉の語順になります。

3 (2)「入浴する」は take a bath です。

解答 → P.118

何問できた？

7問中　　問

未来形

will

月　日

1 日本文に合うように、＿＿に適する１語を書きなさい。

(1) 私は歩いて博物館へ行くつもりです。

I ＿＿＿＿ ＿＿＿＿ to the museum.

(2) あなたたちは今度の試合に勝つでしょう。

You ＿＿＿＿ ＿＿＿＿ the next game.

2 willを使って、未来の文に書きかえなさい。

(1) We give a present to her.

We ＿＿＿＿＿＿＿＿ to her.

(2) She has a good time at the party.

She ＿＿＿＿＿＿＿＿ at the party.

(3) They meet Andy at the station.

＿＿＿＿＿＿＿＿ at the station.

3 日本文に合うように、(　)内の語を正しく並べかえなさい。

(1) 今日の午後は雨が降るでしょう。

(this / will / rain / it) afternoon.

＿＿＿＿＿＿＿＿ afternoon.

(2) ベンとケンはその仕事をすぐに終えるでしょう。

Ben (work / will / and / the / finish / Ken) soon.

Ben ＿＿＿＿＿＿＿＿ soon.

2 (2) 主語が３人称《にんしょう》単数でも、will の形はかわらない。
3 (2) work と finish、どちらが動詞になるかは、日本文から考えましょう。

何問できた？ 7問中　　問

未来形

willの否定文・疑問文

月　　日

1 日本文に合うように、______に適する1語を書きなさい。

(1) 私は、今日は外出しないでしょう。

I ______ ______ go out today.

(2) 彼《かれ》は昼食後に皿を洗うでしょうか。— いいえ、洗わないでしょう。

______ he ______ the dishes after lunch?

—— No, he ______ ______.

2 [　　] 内の指示にしたがって、書きかえなさい。

(1) I will read a book today. ［否定文に］

______ a book today.

(2) It will be cloudy tomorrow. ［疑問文に］

______ cloudy tomorrow?

(3) Tom is not going to sing the song.

［willを使って、ほぼ同じ意味を表す文に］

Tom ______ the song.

3 日本文に合うように、(　　)内の語を正しく並べかえなさい。

(1) 私は今日、プールで泳ぐつもりはありません。

(swim / I / won't / in) the pool today.

______ the pool today.

(2) あなたたちはどこでテニスを練習するつもりですか。

(you / where / practice / will) tennis?

______ tennis?

\ヒント/

3 (1) won't は will not の短縮形です。

(2)〈疑問詞＋ will ＋主語＋動詞の原形～？〉の語順になります。

解答 → P.118

何問できた？

7問中　　　問

接続詞① (when / if / because)

月　　日

1 日本文に合うように、______に適する１語を書きなさい。

(1) 宿題をしているとき、彼《かれ》が私に電話してきました。

______ I was doing my homework, he called me.

(2) もしも明日が晴れならば、山登りに行きましょう。

Let's go climbing ______ it is sunny tomorrow.

(3) 彼はとても疲《つか》れていたので、すぐに寝《ね》ました。

He went to bed soon ______ he was very tired.

2 日本文を完成しなさい。

(1) When I am free, I often listen to music.

〔　　　　　　　　　　〕、私はよく音楽を聞きます。

(2) If you feel hot, I'll open the windows.

〔　　　　　　　　　　〕、窓を開けますよ。

(3) I don't want to play baseball because I can't do it well.

〔　　　　　　　　　　〕、私は野球をしたくありません。

3 日本文に合うように、(　　)内の語句を正しく並べかえなさい。

(1) この本は難しすぎるので、彼には読めません。

He can't read this book (difficult / because / is / too / it).

He can't read this book ______.

(2) もし英語を改善したいなら、毎日英語を勉強しなさい。

Study English every day (want to / improve / you / if) it.

Study English every day ______ it.

ヒント

2 (2)〈feel ＋形容詞〉で「～（のよう）に感じる」という意味を表します。

(3) 文中の it は、baseball を指します。

3 (1)「～すぎる」は副詞 too で表します。

何問できた？

8問中　　　問

接続詞

接続詞② (that)

月　日

1 日本文に合うように、＿＿に適する１語を書きなさい。

(1) 私は、今は３時だと思います。

I ＿＿＿＿ ＿＿＿＿ it is three o'clock now.

(2) 彼女《かのじょ》は、バスはすぐに来ると思いました。

She ＿＿＿＿ ＿＿＿＿ the bus would come soon.

2 日本文を完成しなさい。

(1) I'm sure that he is a fan of the team.

私は、〔　　　　　　　　　　〕確信しています。

(2) Meg thought that he appeared soon.

メグは、〔　　　　　　　　　　〕思いました。

(3) Ben was glad that she also liked baseball.

ベンは、〔　　　　　　　　　　〕うれしかった。

3 日本文に合うように、(　　)内の語句を正しく並べかえなさい。

(1) 私は、その男性は教師ではないと思いました。

(the man / didn't / think / was / I) a teacher.

＿＿＿＿＿＿＿＿＿＿ a teacher.

(2) 彼《かれ》は日本の文化に興味があると言いました。

(was / said / he / he / interested) in Japanese culture.

＿＿＿＿＿＿＿＿＿＿ in Japanese culture.

2 (2) appear は「現れる、姿を見せる」。
3 (1)(2) 接続詞の that は省略できます。
(2) said は say の過去形。

解答 → P.119

何問できた？

7問中　　問

不定詞の名詞的用法

月　日

1 日本文に合う英文になるように、正しいほうを○でかこみなさい。

(1) 彼《かれ》はドアを開けようとしました。
He tried (for / to) open the door.

(2) 私の夢は獣《じゅう》医《い》になることです。
My dream is to (become / becomes) a vet.

(3) 外国語を学ぶことは楽しいです。
(To learn / Learning to) foreign languages is fun.

2 日本文を完成しなさい。

(1) He wants to play soccer.
彼は〔　　　　　　　　　　〕。

(2) Her plan is to study abroad in the future.
彼《かの》女《じょ》の計画は、将来〔　　　　　　　　　　〕。

(3) To dance was interesting for him.
〔　　　　　　　　　　〕は彼にはおもしろいことでした。

3 日本文に合うように、(　　)内の語を正しく並べかえなさい。

(1) 私は11時に昼食を調理し始めました。
I (to / started / lunch / cook) at eleven.

I ______________________________ at eleven.

(2) 英語を話すことは私には難しいことです。
(difficult / English / speak / is / to) for me.

______________________________ for me.

\ヒント/

1 (2) 不定詞は〈to ＋動詞の原形〉で表します。
2 (3) この dance は動詞であることに注意。
3 (2) 日本文から、「英語を話すこと」が主語になります。

何問できた？

8問中　　問

不定詞の副詞的用法

月　日

1 日本文に合うように、＿＿に適する１語を書きなさい。

(1) 私は、明日早く起きるためにもう寝《ね》ます。

I'll go to bed now ＿＿＿＿ ＿＿＿＿ up early tomorrow.

(2) 彼女《かのじょ》はその知らせを聞いてうれしかったです。

She was happy ＿＿＿＿ ＿＿＿＿ the news.

2 日本文を完成しなさい。

(1) Meg went to the library to do her homework.

メグは〔　　　　　　　　〕図書館へ行きました。

(2) I'm glad to meet you.

私は、あなたがたに〔　　　　　　　　〕うれしいです。

(3) Why did you visit her? — To borrow a book.

あなたはなぜ彼女を訪ねたのですか。

—〔　　　　　　　　〕。

3 日本文に合うように、(　　)内の語句を正しく並べかえなさい。

(1) ケンはテニスを練習するために公園へ行きました。

Ken went to (practice / to / the park / tennis).

Ken went to ＿＿＿＿＿＿＿＿.

(2) 私は、そんなところで彼《かれ》を見かけて驚《おどろ》きました。

I (see / was / him / surprised / to) at such a place.

I ＿＿＿＿＿＿＿＿ at such a place.

\ヒント/

2 (3) 答えの文は、Why ～？の目的を答えています。borrow は「～を借りる」。

3 (2)「そんなところで彼を見かけた」が「驚いた」という感情の原因。原因を表すためには…。

解答 ➔ P.120

何問できた？　7問中　　問

不定詞の形容詞的用法

月　日

1 日本文に合うように、(　　)内の語句を入れる正しい場所を選んで、記号を○でかこみなさい。

(1) 読むべき本を私に教えてください。

Please　tell　me　the books　.（ to read ）
ア　イ　ウ　エ

(2) あなたは今、何か食べるものを持っていますか。

Do you have　to　eat　now　?（ anything ）
ア　イ　ウ　エ

2 下線部に注意して、それぞれの日本文を完成しなさい。

(1)
(a) He went to the library to do his homework.
彼《かれ》は〔　　　　　　　　　　〕図書館へ行きました。
(b) He has a lot of homework to do today.
彼は今日、〔　　　　　　　　　　〕あります。

(2)
(a) I want to drink something cold.
私は〔　　　　　　　　　　〕。
(b) I want something cold to drink.
私は〔　　　　　　　　　　〕。

3 日本文に合うように、(　　)内の語を正しく並べかえなさい。

マイクはそのとき、書くものは何も持っていませんでした。

Mike didn't (to / write / anything / have / with) then.

Mike didn't .... then.

＼ヒント／

2 それぞれの不定詞は、(1)(a) 副詞的用法　(b) 形容詞的用法　(2)(a) 名詞的用法　(b) 形容詞的用法です。
3 「書くもの」は write のあとに前置詞をともなって、「～を使って書くもの」となります。

解答 → P.120

何問できた?

7問中　　問

動名詞

月　日

1 ほぼ同じ意味の英文になるように、_____に適する１語を書きなさい。

(1) It began to snow about 30 minutes ago.
It began _____ about 30 minutes ago.

(2) To walk is good for our health.
_____ is good for our health.

2 下線部に注意して、それぞれの日本文を完成しなさい。

(a) Having breakfast is important for us.
〔　　　　　　　　〕は、私たちにとって大切です。

(b) I am having breakfast now.
私は今、〔　　　　　　　　〕。

3 日本文に合うように、(　　)内の語を正しく並べかえなさい。

(1) 彼《かれ》の仕事は英語を教えることです。
His (English / is / job / teaching).
His _____.

(2) 寝《ね》る前に歯をみがきなさい。
Brush (before / teeth / going / your) to bed.
Brush _____ to bed.

(3) 彼は絵をかくことが得意です。
He (good / is / drawing / at) pictures.
He _____ pictures.

英語 12

＼ヒント／

2 動詞の -ing 形の用法は２種類。１つは１年生で学習した「現在進行形」です。
3 (2)(3) 動名詞は、前置詞の目的語になることもできます。

何問できた？

7問中　　問

英語 13

不定詞と動名詞

不定詞と動名詞

月　日

1 日本文に合う英文になるように、正しいほうを○でかこみなさい。

(1) 私たちは歌を歌って楽しみました。

We enjoyed (to sing / singing) songs.

(2) 彼女《かのじょ》は犬を飼うことを決めました。

She decided (to get / getting) a dog.

(3) 彼《かれ》は通りの何かを拾うために立ち止まりました。

He stopped (to pick / picking) up something on the street.

(4) 彼らは今週末に海へ行くことを計画しています。

They are planning (to go / going) to the sea this weekend.

(5) あなたはいつその本を読み終えましたか。

When did you finish (to read / reading) the book?

2 下線部に注意して、それぞれの日本文を完成しなさい。

(1)
(a) He forgot to join the meeting.
彼はその会に〔　　　　　　　　　　〕忘れました。
(b) He forgot joining the meeting.
彼はその会に〔　　　　　　　　　　〕忘れました。

(2)
(a) Remember to buy some eggs.
卵を〔　　　　　　　　　　〕忘れないで。
(b) Do you remember buying some eggs?
あなたは卵を〔　　　　　　　　　　〕覚えていますか。

英語 13

ヒント

2 不定詞と動名詞、両方とも目的語に取る動詞もあります。意味が異なる動詞もあるから要注意！
一般《いっぱん》的に、不定詞は未来のことを、動名詞は過去のことを表すと考えましょう。
(1) join は「～に加わる、参加する」。

何問できた？　9問中　　問

解答 ➔ P.121

疑問詞＋to ～ / It is ... to ～

月　　日

1 日本文に合うように、＿＿に適する1語を書きなさい。

(1) 私は何をすればよいかわかりません。

I don't know what ＿＿＿＿ ＿＿＿＿.

(2) ピアノを演奏するのは難しいです。

It is difficult ＿＿＿＿ ＿＿＿＿ the piano.

2 下線部に注意して、それぞれの日本文を完成しなさい。

(1) I don't know where to play basketball.

私は〔　　　　　　　　　　〕わかりません。

(2) Tell me when to visit you.

〔　　　　　　　　　　〕私に教えて。

(3) It is interesting for me to watch movies.

〔　　　　　　　　　　〕おもしろいです。

3 日本文に合うように、(　　)内の語を正しく並べかえなさい。

(1) 私は、そのカメラの使い方がわかりませんでした。

I (use / how / know / didn't / to) the camera.

I ＿＿＿＿＿＿＿＿＿＿ the camera.

(2) 彼《かれ》にとって踊《おど》ることはわくわくしませんでした。

It wasn't (dance / him / exciting / to / for).

It wasn't ＿＿＿＿＿＿＿＿＿＿.

\ヒント/

2 (3) It is ... のあとに〈for[to] ～〉がある場合は、「～」を主語のように訳すと自然な日本文になります。
3 (2) 「～にとって」の〈for[to] ～〉は、不定詞の前に置きます。

何問できた？

7問中　　問

助動詞

may

月　日

1 日本文に合うように、＿＿に適する１語を書きなさい。

(1) あなたたちは放課後に、この部屋を使ってもよいです。

You ＿＿＿＿＿ use this room after school.

(2) 午後は晴れるかもしれません。

It ＿＿＿＿＿ be sunny in the afternoon.

2 日本文を完成しなさい。

(1) You may play video games after dinner.

あなたは夕食後にテレビゲームを〔　　　　　　　　〕。

(2) You may not open the windows now.

あなたは今、窓を〔　　　　　　　　〕。

(3) That boy may be Jim's brother.

あの少年はジムの兄弟〔　　　　　　　　〕。

3 日本文に合うように、(　　)内の語を正しく並べかえなさい。

(1) 真実を知ったら、彼女《かのじょ》は悲しむかもしれません。

(sad / she / be / may) if she knows the truth.

＿＿＿＿＿＿＿＿＿＿＿＿ if she knows the truth.

(2) 彼《かれ》は、今日は学校に来ないかもしれません。

He (school / come / may / to / not) today.

He ＿＿＿＿＿＿＿＿＿＿＿＿ today.

＼ヒント／

1 (2)助動詞は、主語の人称《にんしょう》や数が何であっても形はかわりません。

2 may が「許可」の用法か「推量」の用法かは、どちらの意味が文に合うかそれぞれの日本語を当てはめて考えましょう。

解答 ➔ P.121

何問できた？

7問中　　問

助動詞

must / have[has] to ～

月　日

1 下線部に注意して、それぞれの日本文を完成しなさい。

(1) You must not stay up late.

あなたは夜ふかしを〔　　　　　　　　　　　　　　　　〕。

(2) Jack has to go home early today.

ジャックは今日、早くに〔　　　　　　　　　　　　　　〕。

(3) You don't have to do the work tonight.

あなたは今夜その仕事を〔　　　　　　　　　　　　　　〕。

2 日本文に合うように、(　　)内の語を正しく並べかえなさい。

(1) あの女性は有名な歌手にちがいありません。

(woman / be / that / must) a famous singer.

__________________________ a famous singer.

(2) あなたは謝罪する必要はありません。

You (to / apologize / have / don't).

You ______________________________.

3 下線部のmustがhave[has] to ～に言いかえられるものを１つ選んで、記号で答えなさい。

〔　　　〕

(a) Students must study hard.

(b) It must be a sunny day tomorrow.

(c) This eraser must be Ken's.

英語 16

＼ヒント／

1 (1) must の否定文は、強い禁止を表します。
(2)は必要があることを、(3)は必要がないことを表します。

3 「推量」の must は have[has] to ～に言いかえられません。

解答 ➜ P.122

何問できた？

6問中　　問

助動詞

Will you ～? / Can you ～? / May I ～?

月　日

1 日本文に合うように、＿＿に適する語句を、Will you / Can you / May Iから選んで書きなさい。ただし、それぞれ1度しか使えません。

(1) (できれば) これらのいすを運んでくれませんか。

＿＿＿＿＿＿＿＿ carry these chairs?

(2) あなたの考えについて説明してくれますか［意志はありますか］。

＿＿＿＿＿＿＿＿ explain your idea?

(3) 1つおたずねしてもよいですか。

＿＿＿＿＿＿＿＿ ask you a question?

2 日本文を完成しなさい。

(1) May I come in?

中に入っても〔　　　　　　　　　　〕。

(2) Can you help me?

私を〔　　　　　　　　　　〕。

(3) Will you tell it to her?

そのことを彼女《かのじょ》に〔　　　　　　　　　　〕。

3 日本文に合うように、(　　)内の語を正しく並べかえなさい。

(1) 皿を洗ってくれませんか。

(the / you / wash / will) dishes?

＿＿＿＿＿＿＿＿＿＿＿＿ dishes?

(2) ここでサッカーをしてもよいですか。

(soccer / I / may / play) here?

＿＿＿＿＿＿＿＿＿＿＿＿ here?

\ヒント/

1 (3)「～してもいいですか」と相手に許可を求める文。許可を表す助動詞はcanともう1つあります。

2 (1) come in で「(部屋などの中に) 入る」。

解答 → P.122

何問できた?

8問中　　問

5文型

SVOO / SVOC

月　日

1 日本文に合うように、____に適する1語を書きなさい。

(1) 私は彼《かれ》らに英語を教えます。

I teach ____ ____.

(2) 彼はその知らせに喜びました。

The news made ____ ____.

2 各組の英文がほぼ同じ意味になるように、____に適する1語を書きなさい。

(1) She gave candies to me.
She gave ____ ____.

(2) He made her a cake.
He made a cake ____ her.

(3) We were sad to know the result.
The result made ____ ____.

3 日本文に合うように、(　)内の語を正しく並べかえなさい。

(1) 彼のクラスメートは彼をマイクと呼びます。

His (call / Mike / him / classmates).

His ____.

(2) 彼女《かのじょ》は何枚かの写真を私に見せてくれました。

She (pictures / showed / some / me).

She ____.

\ヒント/

1 (1)は SVO（だれに）O（何を）の文に、(2)は SVO（だれを）C（〜に）の文になります。

2 (2) SVOO の文を SVO の文に書きかえるときに使う前置詞にはいくつかあって、どの前置詞を使うかは動詞によって決まっています。

比較の文

比較《ひかく》の文①

月　日

★**比較の文**：２人の人や２つのものを比べて「**…は〜よりもーだ**」と言うときは形容詞や副詞を比較級に、３人以上の人や３つ以上のものを比べて「**〜の中で、…はいちばんーだ**」と言うときは形容詞や副詞を最上級にする。

★**比較級、最上級のつくり方**

	比較級	最上級	例
大部分の語	語尾《ごび》＋er	語尾＋est	tall - **taller** - **tallest**
eで終わる語	語尾＋r	語尾＋st	large - **larger** - **largest**
〈子音字＋y〉で終わる語	yをiにかえて＋er	yをiにかえて＋est	easy - **easier** - **easiest**
〈短母音＋子音字〉で終わる語	子音字を重ねて＋er	子音字を重ねて＋est	big - **bigger** - **biggest**
長いつづりの語	形容詞・副詞の前にmoreを置く	形容詞・副詞の前にmostを置く	difficult - **more difficult** - **most difficult**

◎不規則変化

good、well ➜ **better** - **best**　　much、many ➜ **more** - **most**

1 次の語の、比較級と最上級を書きなさい。

原級	比較級	最上級
(1) old		
(2) big		
(3) easy		
(4) large		
(5) interesting		
(6) well		

何問できた？　12問中　　問

解答 ➜ P.123

比較の文

比較《ひかく》の文②

月　日

★比較級を使った文

〈A is -er than B〉「AはBよりも～だ」

Ken is taller than Mike.　ケンはマイクよりも背が高いです。

★最上級を使った文

〈A is the -est in[of] B〉「AはBの中でいちばん～だ」

Ken is the tallest in his class.　ケンはクラスの中でいちばん背が高いです。

◎theの有無…副詞の最上級の前にはtheがなくてもOK。

◎inとofの使い分け…〈in＋場所・範《はん》囲《い》〉〈of＋複数を表す語〉

1 日本文に合うように、＿＿に適する１語を書きなさい。

(1) 彼《かれ》はトムよりも若いです。

He is ＿＿＿＿ ＿＿＿＿ Tom.

(2) この人形はあれよりもかわいい（pretty）です。

This doll is ＿＿＿＿ ＿＿＿＿ that one.

(3) それはすべての中でいちばん簡単な問題でした。

It was the ＿＿＿＿ problem ＿＿＿＿ all.

(4) 日本でいちばん有名な（famous）歌手はだれですか。

Who is the ＿＿＿＿ ＿＿＿＿ singer in Japan?

2 [　　] 内の指示にしたがって、書きかえなさい。

(1) This park is beautiful.　[「東京で」を加えた最上級を使った文に]

This park is ＿＿＿＿＿＿＿＿ Tokyo.

(2) She speaks English well.

[「エミよりも」を加えた比較級を使った文に]

She speaks English ＿＿＿＿＿＿＿＿ Emi.

何問できた？　6問中　　問

解答➔P.123

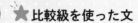

漢字・語句

おさえたい新出漢字①

月　日

1 ――の漢字の読みがなを書きなさい。

(1) 山で遭難する。（　　）

(2) 霧が晴れる。（　　）

(3) 丁寧に字を書く。（　　）

(4) 時代の変遷。（　　）

(5) 鉛のように重い。（　　）

2 □に漢字を書きなさい。

(1) ドラマを□□《さつえい》する。

(2) 洋服を□□《こうにゅう》する。

(3) □□《にちぼつ》の時間を過ぎる。

3 〔　〕に漢字と送りがなを書きなさい。

(1) 相手の攻撃《こうげき》を〔さまたげる〕。

(2) 塩分を〔ひかえる〕。

(3) 盆《ぼん》〔おどり〕の練習。

4 同じ音の漢字を書きなさい。

(1)
□《けい》斜《しゃ》のある道を歩く。
□《けい》示物に目を通す。

(2)
□《かん》急をつけて朗読する。
宝石を□《かん》定する。

＼ヒント／

1 (4)「変遷」は、移り変わりという意味です。

4 (2)「かんきゅう」は、おそいことと速いこと、または、ゆるいことと激しいことを表します。

何問できた？　15問中　　問

解答➔P.124

おさえたい新出漢字②

月　日

1 ――の漢字の読みがなを書きなさい。

(1) 肩の荷が下りる。（　　）（肩）

(2) 清廉潔白な人物。（　　）（清廉）

(3) 真摯に受け止める。（　　）（真摯）

(4) 箇条書きにする。（　　）（箇条）

(5) 今後に禍根が残る。（　　）（禍根）

2 □に漢字を書きなさい。

(1) 昔の□□（まんが）を読む。

(2) □□（しゅみ）に没頭《ぼっとう》する。

(3) □□（はいき）ガスを減らす。

3 〔　〕に漢字と送りがなを書きなさい。

(1) 迷子の犬を〔　　〕（あわれむ）。

(2) 死者を〔　　〕（とむらう）。

(3) 大きな目標を〔　　〕（かかげる）。

4 同じ部首の漢字を書きなさい。

(1)
部屋に□（かべ）紙を貼《は》る。
高い□（とう）の上に登る。

(2)
空□（らん）を埋《う》める。
□（がい）念的な話をする。

＼ヒント／

1 (5)「禍根」は、「わざわいの元」の意味です。

3 (2)「弔う」は、「死を悲しむ」「葬式《そうしき》をする」の意味です。

解答→P.124

何問できた？

15問中　　問

漢字・語句

熟語の構成

月　日

1

次の熟語の構成をあとから選び、記号で答えなさい。

(1) 遠近〔　〕　(2) 頭痛〔　〕

(3) 価値〔　〕　(4) 就職〔　〕

ア　似た意味の字を重ねたもの

イ　反対の意味の字を重ねたもの

ウ　上の漢字が下の漢字を修飾《しゅうしょく》するもの

エ　上が動作、下が目的・対象の関係のもの

オ　主語・述語の関係のもの

2

次の二字熟語と同じ構成の熟語を選び、記号で答えなさい。

(1) 熱心〔　〕

ア　逆流　イ　日照

ウ　縮小　エ　造園

(2) 規則〔　〕

ア　帰郷　イ　水路

ウ　思考　エ　国営

3

□に当てはまる漢字を、[　]から選んで書きなさい。

(1) □本意　(2) 印象□

(3) □対面　(4) □竹梅

(5) 可能□　(6) □常識

[性　松　非　的　初　不]

4

似た意味の二字熟語を重ねた四字熟語になるように、□に当てはまる熟語を[　]から選んで書きなさい。

(1) 自由□□　(2) □□苦《く》闘《とう》

(3) □□麗《れい》句《く》　(4) 完全□□

[無欠　美辞　自在　悪戦]

ヒント

3　三字熟語の構成は主に、「三字が対等な関係で並ぶ熟語」「漢字一字＋二字熟語」「二字熟語＋漢字一字」の３種類があります。どの構成が当てはまるかを考えましょう。

解答 ➔ P.124

何問できた？

16問中　　問

似た形や意味の漢字

月　日

1 似た形の漢字を□に書きなさい。

(1)
電気の□《ふっ》旧作業を行う。
名画の□《ふく》製を部屋に飾《かざ》る。

(2)
熟語の意味を□《けん》索《さく》する。
身の危□《けん》を感じる。

(3)
富山県の□《せき》雪量を調べる。
綿糸の紡《ぼう》□《せき》工場を見学する。

(4)
ひよこの性別を□《しき》別する。
絹の糸で布を□《お》る。

2 次の漢字と似た意味の漢字を、□から選んで書きなさい。

(1) 造―□
(2) 過―□
(3) 律―□

(1)	(2)	(3)
像　操　創　装	程　経　度　移	案　司　調　法

3 次の文に合う漢字を書きなさい。

(1) 水深を□《はか》る。―タイムを□《はか》る。

(2) □《あたた》かい部屋。―□《あたた》かい紅茶。

\ヒント/

1 部首が異なる似た漢字です。漢字の意味から、文章に合う漢字を考えましょう。

2 (3)「律」は「おきて」や「さだめ」という意味があります。

解答→P.124

何問できた？

9問中　問

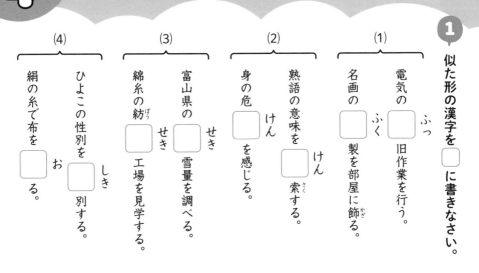

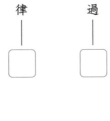

反対の意味の漢字

月　日

1 次の漢字と反対の意味の漢字を一字で書きなさい。

(1) 加 ↕ □

(2) 問 ↕ □

(3) 干 ↕ □

(4) 長 ↕ □

(5) 集 ↕ □

(6) 誤 ↕ □

2 □から漢字を選んで、反対の意味を重ねた二字熟語を作りなさい。

(1) □□

衛　損　域　益　郷

(2) □□

官　臣　衆　君　尊

(3) □□

明　照　陽　黒　暗

(4) □□

後　罪　頭　功　比

3 反対の意味の漢字を□に入れて四字熟語を完成させなさい。

(1) □肉□食

(2) 起□回□

(3) □□男女

(4) 大□小□

(5) □往□往

\ヒント/

1 訓読みの意味から、反対の意味の漢字を考えてみましょう。

何問できた？

15問中　問

慣用句・ことわざ

月　日

1

□に当てはまる体の一部を表す漢字を、[　]から選び、（　）の意味の慣用句を完成させなさい。

(1) □が高い　（ほこらしく思う）

(2) □をかしげる　（疑問に思う）

(3) □を巻く　（とても感心する）

[耳　舌　鼻　首]

2

次の意味を表す慣用句を選び、記号で答えなさい。

(1) 緊張《きんちょう》して成り行きを見守る。

ア 苦汁《くじゅう》をなめる　イ 固唾《かたず》をのむ

ウ 身にしみる　エ うのみにする

〔　　〕

(2) 非常に狭《せま》い場所のこと。

ア 鶴《つる》の一声　イ 井の中の蛙《かわず》

ウ 猫《ねこ》の額　エ すずめの涙《なみだ》

〔　　〕

3

正しいことわざになるように、□に当てはまる言葉を選び、記号で答えなさい。

(1) □下《もと》暗し　〔　　〕

(2) □も筆の誤り　〔　　〕

(3) □の道も一歩から　〔　　〕

ア 灯台　イ 千里

ウ 弘法《こうぼう》　エ 功名

4

次のことわざの意味を選び、記号で答えなさい。

(1) たなからぼたもち　〔　　〕

(2) かめの甲《こう》より年の功　〔　　〕

(3) 光陰《こういん》矢のごとし　〔　　〕

ア 月日が過ぎるのが早いこと。

イ すばしこくて抜《ぬ》け目がないこと。

ウ 長年の経験は貴重であること。

エ 思いがけない幸運を得ること。

国語 6

＼ヒント／

1 体の一部を用いた慣用句は数多くあります。前後の文と意味から、正しい漢字を考えましょう。

解答→P.125

何問できた？　11問中　　問

敬語

月　日

1 次の――の敬語の種類を選び、記号で答えなさい。

(1) 校長先生が授業をご覧になる。

(2) お客様からの手紙を拝読する。

(3) 会場はこちらでございます。

(4) 先生に辞書をお借りする。

ア　謙譲《けんじょう》語　イ　尊敬語　ウ　丁寧《ていねい》語

2 次の――と敬語の種類が同じものを選び、記号で答えなさい。

(1) 久しぶりに恩師にお会いする。

ア　市長がサッカーの試合を楽しまれる。
イ　お客様の荷物を部屋までお運びする。
ウ　扉《とびら》の開閉にご注意ください。
エ　全員がお集まりになるまで待ちます。

(2) 何時にいらっしゃいますか。

ア　資料を拝見しました。
イ　いただいた本のお礼です。
ウ　明日の午前中にうかがいます。
エ　夕食を召《め》し上がりますか。

3 次の会話の――のうち、敬語の使い方が正しくないものを一つ選び、記号で答えなさい。

田中《たなか》「佐藤《さとう》さん。本日はアご講演いただき、ありがとうございました。講演中にイおっしゃっていた、宇宙の起源について、もっと詳《くわ》しくウお聞きいたしたいと思いました。」

佐藤「こちらこそ、ありがとうございました。私の研究している分野に興味をもっていただけてうれしいです。」

田中「ぜひ、またお話をエうかがう機会があればうれしいです。」

1 動作をする人を高める場合は「尊敬語」、自分の動作を低める場合は「謙譲語」です。動作をしているのが誰《だれ》なのかを考えてみましょう。

解答 → P.125

何問できた？

7問中　問

文法

単語の活用　動詞①

月　　日

1

（　）の動詞を、〔　〕に当てはまる活用形に直して書きなさい。

(1) 〔　　　〕ば、バスに間に合う。（急ぐ）

(2) 廊下《ろうか》を〔　　　〕ない。（走る）

(3) 健康診断《しんだん》を〔　　　〕ます。（受ける）

2

次の――の活用形を、□から選んで、記号で答えなさい。

(1) 彼《かれ》はまだ来ない。〔　　〕

(2) 寝《ね》るときは電気を消す。〔　　〕

(3) 今日は六時に起きた。〔　　〕

ア　未然形　　イ　連用形
ウ　終止形　　エ　連体形
オ　仮定形

3

次の文で、――が未然形になっているものをすべて選んで記号で答えなさい。

ア　薬を　飲んで　早く　寝る。

イ　思わぬ　出来事に　びっくりする。

ウ　一緒《いっしょ》に　歌を　歌おう。

エ　道具を　用いれば　簡単だ。

〔　　　〕

4

次の――の活用形を答えなさい。

(1) 明日になれば、雨はやむだろう。〔　　　〕

(2) 鼻歌を歌いながら帰る。〔　　　〕

ヒント

2 動詞では、連体形と終止形は同じ形です。

3 未然形は、動作がまだ行われていない、状態が実現していないことを表します。

何問できた？　9問中　　問

解答→P.125

文法

単語の活用　動詞②

月　日

1

次の文の――と活用の種類が同じ動詞を選び、記号で答えなさい。

(1) リンゴの実が木から落ちる。

ア 笑う　イ 起きる　ウ 話す　エ 調べる　〔　　〕

(2) 家を出るとき、雨が降っていた。

ア 来る　イ する　ウ 伝える　エ 散る　〔　　〕

2

「くる」「する」を当てはまる活用形に直して、〔　〕に書きなさい。

(1) 先生に質問を〔　　〕た。（する）

(2) 彼《かれ》もすぐに〔　　〕だろう。（くる）

(3) 寄り道を〔　　〕ずに帰る。（する）

3

次の文の――の活用の種類と活用形を答えなさい。

(1) ごみを捨てずにリサイクルする。

活用の種類〔　　〕

活用形〔　　〕

(2) 犬も歩けば棒に当たる。

活用の種類〔　　〕

活用形〔　　〕

(3) 先生が家に来たとき、私は部屋にいた。

活用の種類〔　　〕

活用形〔　　〕

＼ヒント／

1 活用の種類は、動詞に「ない」をつけたときの「ない」の直前にある字で判別できます。

3 活用形は、「〜ない/〜た/言い切る形/〜とき/〜ば/命令で言い切る形」で判別できます。

何問できた？　8問中　　問

解答➜P.125

単語の活用　形容詞

月　日

1 次の文から形容詞をぬき出し、終止形に直して書きなさい。

(1) 夏場の海水浴はさぞ楽しかろう。〔　　〕

(2) 暑ければ遠慮《えんりょ》なく言ってください。〔　　〕

(3) 飼っている犬が大きくなる。〔　　〕

2 （　）の形容詞を、〔　〕に当てはまるように活用させて書きなさい。

(1) 昨晩は雨が〔　　〕た。（激しい）

(2) みかんが〔　　〕なる。（あまい）

(3) 満天の星空は〔　　〕う。（美しい）

(4) 〔　　〕ば、明日には帰る。（早い）

3 ――の形容詞の活用形を答えなさい。

(1) 暗い夜道を歩く。〔　　〕

(2) そんなに濡《ぬ》れては寒かろう。〔　　〕

(3) 王様はとても優《やさ》しゅうございます。〔　　〕

4 次の文の〔　〕に合う形容詞を［　］から選び、適切な形に活用させて書きなさい。

(1) この荷物は案外〔　　〕ない。

(2) 〔　　〕ば、泣いてもいい。

(3) 小さな子猫《こねこ》は、さぞ〔　　〕う。

［悲しい　おもしろい　重い　かわいい］

ヒント

1 形容詞は、自立語で活用があり、言い切りが「い」で終わる単語です。

3 形容詞の活用形は、「～う／～た・～なる・ございます／言い切る形／～とき・～こと／～ば」で判別でき、命令形はありません。

何問できた？　13問中　　問

解答 → P.125

文法

単語の活用　形容動詞

月　日

1

次の文から形容動詞をぬき出して、終止形に直して書きなさい。

(1) 爽《さわ》やかな涼《すず》しい風が吹《ふ》く。〔　　〕

(2) 大勢より一人のほうが気楽だろう。〔　　〕

(3) 積極的に意見を出す。〔　　〕

2

（　）の形容動詞を、〔　〕に当てはまるように活用させて書きなさい。

(1) 緑が〔　　〕町に住む。（豊かだ）

(2) 〔　　〕証明される。（科学的だ）

(3) 彼《かれ》の話は〔　　〕う。（確かだ）

(4) 考えが〔　　〕ばうれしい。（同じだ）

3

――の形容動詞の活用形を答えなさい。

(1) 用件を手短に話す。〔　　〕

(2) 清潔な衣類を身にまとう。〔　　〕

(3) 健康には、日々の運動が大切でしょう。〔　　〕

4

次の文の〔　〕に合う形容動詞を□から選び、適切な形に活用させて答えなさい。

(1) 二人のきずなは〔　　〕う。

(2) 私は昔から散歩が〔　　〕た。

(3) 物事を〔　　〕捉《とら》える。

元気だ　強固だ　好きだ　前向きだ

ヒント

1 形容動詞は、形容詞と同じように自立語で活用がありますが、言い切りが「だ」「です」で終わる単語です。

何問できた？

13問中　　問

文法

助詞、助動詞、自立語

月　日

1

次の文章の――のうち、自立語であるものをすべて選び、〔　〕に番号を書きなさい。

友人に勧《すす》め①られた映画を観《み》た。最初は、面白《おもしろ》く②ないと感じたが、手に汗握《あせにぎ》る展開に、気づけ③ば夢中になって観ていた。④特にラストシーンは秀逸《しゅういつ》で、⑤素晴《すば》らしい作品だった。

世の中には、私の知ら⑥ない名作がたくさんあるのだと、改めて実感した。

〔　　〕

2

次の――が助詞か助動詞かを選び、記号で答えなさい。

(1) 今にも、雨が降りそうだ。〔　　〕

(2) 肉より魚をよく食べる。〔　　〕

(3) 姉は、東京から新幹線で来た。〔　　〕

(4) この花を、妹にあげよう。〔　　〕

ア　助詞　　イ　助動詞

3

次の――と同じ働き・意味のものをあとから選び、記号で答えなさい。

(1) 部屋の掃除《そうじ》を終わらせる。〔　　〕

ア　母の作ったクッキーを食べる。

イ　先生のきれいな字を手本にする。

ウ　妹はピアノを弾《ひ》くのが好きだ。

(2) 交差点にいるのは私の兄だ。〔　　〕

ア　窓辺に飾《かざ》った花がきれいだ。

イ　今日はなんとも暑い日だ。

ウ　兄を乗せた飛行機が飛んだ。

(3) 赤い頬《ほお》がりんごのようだ。〔　　〕

ア　父は買い物に行っているようだ。

イ　電車が遅延《ちえん》しているようだ。

ウ　白い綿菓子《わたがし》が雲のようだ。

(4) 友達に相談をする。〔　　〕

ア　大きな窓のそばに鉢植《はちう》えを置く。

イ　ダンサーが軽快にステップを踏《ふ》む。

ウ　会場はすでに人でいっぱいだ。

\ヒント/

1 それだけで文節を作れるかどうかで、自立語と付属語を見分けましょう。

2 活用がないのは「助詞」、活用があるのは「助動詞」です。

解答➜P.126

何問できた？

9問中　　問

読解

詩

月　日

1 次の詩を読み、あとの問いに答えなさい。

手紙

高《たか》田《だ》敏《とし》子《こ》

私はときどき
まだ来ない手紙の気配を
感じたりしますけれど
それは手紙が
ゆれる貨車のすみなどから
じっと私を見つめているからでは
　ないでしょうか
すすきの穂《ほ》をなびかせて
走る郵便屋さんの自転車
愛の手紙や
よろこびの絵ハガキ
ずっしり重い涙《なみだ》の手紙が
ひたすら見つめているのです
むこうの小さな村を

---

(1) 「手紙の気配を感じたりします」とは、どういう意味だと考えられますか。（　）に当てはまる言葉を書きなさい。

・もうすぐ（　　　　）ような予感がするということ。

(2) 「擬《ぎ》人《じん》法《ほう》」が使われている部分が二箇《か》所《しょ》あります。行数を漢数字で答えなさい。

・〔　〜　〕行目と〔　〜　〕行目

(3) 「愛」「よろこび」「ずっしり重い涙」は誰《だれ》の思いだと考えられますか。最も適切なものを次から一つ選び、記号で答えなさい。

ア 私　　イ 郵便屋さん
ウ 手紙を書いた人　　エ 手紙をもらう人

〔　　〕

(4) 「ひたすら見つめている」とは、何がどこから見つめていると考えられますか。本文中の言葉を書きぬきなさい。

・（　　　　）が、（　　　　）から見つめている。

ヒント

1 (2)「擬人法」は、人ではないものを人にたとえる表現技法です。
(3)「手紙」が「見つめている」ものに注目しましょう。

何問できた？

4問中　　問

短歌

1 次の短歌を読み、あとの問いに答えなさい。

A　桜ばないのち一ぱいに咲《さ》くからに生命《いのち》をかけてわが眺《なが》めたり　岡本《おかもと》かの子《こ》

B　街をゆき子供の傍《そば》を通る時蜜柑《みかん》の香せり冬がまた来る　木下利玄《きのしたりげん》

C　なにとなく君に待たるるここちして出《い》でし＊花野の夕月夜かな　与謝野晶子《よさのあきこ》

D　＊はとばまであんずの花が散つ《(チツ)》て来て船といふ《(フ)》船は白く塗《ぬ》られぬ　斎藤《さいとう》史《ふみ》

E　思い出の一つのようでそのままにしておく麦わら帽子《ぼうし》のへこみ　俵《たわら》万智《まち》

＊・花野…秋草の咲いている野。
・はとば…船着き場。

(1) Aの短歌はどんな季節の歌ですか。春夏秋冬の中から答えなさい。〔　　〕

(2) Aの短歌で、なぜ「いのち」と「生命」の表記が二種類あるのでしょうか。（　　）に当てはまる言葉を答えなさい。
・人間と（　　）との命の違《ちが》いを表すため。

(3) A～Eの短歌の中で、色彩《しきさい》を印象的によんでいるものを一つ選び、記号で答えなさい。〔　　〕

(4) Bの短歌は、どんなものから冬の到来《とうらい》を感じていますか。短歌から四字の言葉を書きぬきなさい。
□□□□

(5) A～Eの短歌の中で、名詞で終わる（体言止め）表現技法を用いているものを一つ選び、記号で答えなさい。〔　　〕

(6) Cの短歌はどのような気持ちを表現したものですか。最も適切なものを次から一つ選び、記号で答えなさい。〔　　〕
ア　落ちこんでいる気持ち。
イ　若く淡《あわ》い恋《こい》する気持ち。
ウ　自然を賛美する気持ち。

ヒント
1 (1) 季節を表す言葉に注目しましょう。
(6)「待たるる」とありますが、待っているのは誰《だれ》でしょうか。

何問できた？

6問中　　問

小説①

1 次の文章を読み、あとの問いに答えなさい。

※実弥子《みやこ》が営んでいる絵画教室で、小学生たちがお互《たが》いをモデルにして絵を描《か》いた。

実弥子は、①ルイの絵のすばらしさを伝えるための言葉を探そうとしてうまく見つからず、②口ごもった。

「わあ、すごい……。これが私……？」

「まゆちゃんに、にてる」

ゆずちゃんが、感心していった。

「なんだろう、これ……。こんなふうに描いてもらうと、③自分が今、ちゃんと生きてここにいるんだって、気がついた気がする……」

まゆちゃんがつぶやいた。実弥子ははっとする。

ルイが、まゆちゃんをモデルに絵を描いた。ただそれだけの、シンプルなこと。でも、描かれた絵の中には、④今まで見えていなかったその人が見えてくる。言葉では言えない、不思議な存在感を放つ姿が。

（東直子「階段にパレット」ポプラ社）

(1) ――①「ルイの絵」とは、どんな絵ですか。（　）に当てはまる言葉を書きなさい。

・ルイが、（　　　　）をモデルにして描いた絵。

(2) ――②「口ごもった」とありますが、実弥子はなぜ口ごもったのですか。正しいものを次から一つ選び、記号で答えなさい。〔　　〕

ア 絵は、言葉で表現するものではないから。

イ 適切に表現する言葉が思いつかないから。

ウ 何を言ってもルイのためにならないから。

エ 子どもたちの意見を尊重したいから。

(3) ――③のまゆちゃんの言葉は、あとでどのように言い換《か》えられていますか。本文中から十六字でぬき出し、初めと終わりの三字を書きなさい。

□□□～□□□

(4) ――④「今まで見えていなかったその人が見えてくる」のはなぜですか。（　）に当てはまる言葉を本文中から書きぬきなさい。

・描き手の目を通した（　　　　）として描かれるから。

＼ヒント／

1 (3) まゆちゃんの言葉によって実弥子が考えたことに注目しましょう。

何問できた？　4問中　　問

読解

小説②

月　日

1 次の文章を読み、あとの問いに答えなさい。

※小学生の雪乃《ゆきの》は、大みそかの夜、除夜の鐘《かね》を撞《つ》くことになった。同い年の大輝《たいき》が撞き終わって、雪乃の番が来た。

*撞木《しゅもく》の揺《ゆ》れがおさまるのを待って、雪乃の番が来た。そっと手を離《はな》した大輝がそばへ戻《もど》ってきた。

「①ほら、簡単だろ。やってみな」

カチンときた。

何が簡単なものか。見ているのと、自分で撞くのとは全然違《ちが》う。毎年のように撞いているあんたにとっては②造作も無いことだろうけれど、こちらは生まれて初めてなのだ。

雪乃は、進み出た。こんなことで大輝にこれ以上えらそうな顔をされたくない。列に並んでいる間にも何度か間の抜《ぬ》けた音を聞いたが、あんなふうなヘマをして、自分より背の小さい男子から馬鹿にされたくない。

撞木の下に立つ。③鐘が、ますますもって大きく眼前に迫《せま》る。ぼこぼことした表面の突起《とっき》が、まるで生きものの皮膚《ひふ》のようにも見える。撞くべき箇所《かしょ》なんて考えなくとも、吊《つる》された撞木を前後させればちゃんと当たるようになっている——と、頭ではわかるのに、全身が緊張《きんちょう》する。

*撞木…つり鐘をつく棒。（村山由佳「雪のなまえ」徳間書店）

(1) ——①の大輝の言葉は、雪乃にはどんな言葉に聞こえましたか。正しいものを次から一つ選び、記号で答えなさい。〔　〕

ア 緊張させないため気軽さを装《よそお》う言葉。
イ 優《やさ》しく促《うなが》すための平易な言葉。
ウ 人を気づかわない無神経な言葉。

(2) ——②「造作も無いこと」とありますが、同じことが雪乃にとってはどういうことだといっていますか。書きなさい。

〔　〕

(3) ——③のように見えたのはなぜですか。正しいものを次から一つ選び、記号で答えなさい。〔　〕

ア 失敗できない重圧を感じているから。
イ さっきまではかなり離れて見ていたから。
ウ 緊張しすぎて正しく見えていないから。

(4) 本文の中で比喩《ひゆ》(たとえ)の表現を用いた部分を一文でぬき出し、初めの五字を書きなさい。

□□□□□

\ヒント/

1 (3) 雪乃の心情が影響《えいきょう》しています。

解答➔P.127

何問できた？

4問中　問

評論①

月　日

1 次の文章を読み、あとの問いに答えなさい。

①暗黙知《あんもくち》という言葉がある。自分ではなかなか意識化できないが、意識下や身体ではわかっているという種類の知だ。言語化しにくいけれども何となくからだでわかっているような事柄《ことがら》は、私たちの生活には数多い。［　］そうした暗黙知や身体知《しんたいち》が、氷山でいうと水面の下に巨《きょ》大《だい》にあり、その氷山の一角が明確に言語化されて表面に出ている、という方がリアリティに即《そく》しているだろう。本を読むことで、この暗黙知や身体知の世界が、はっきりと浮《う》かび上がってくる。自分では言葉にして表現しにくかった事柄が、優《すぐ》れた著者の言葉によってはっきりと言語化される。こうした文章を読むと②共感を覚え、線を引きたくなる。

（齋藤孝「読書力」岩波書店）

(1) ——①「暗黙知」を、比喩《ひゆ》（たとえ）の表現を用いて表している部分を十字でぬき出し、初めと終わりの三字を書きなさい。

□□□～□□□

(2) ［　］に当てはまる言葉を次から一つ選び、記号で答えなさい。

ア たとえ　イ もし　ウ かなり　エ むしろ

〔　　〕

(3) ——②「共感」とは、誰《だれ》に対してのものですか。書きなさい。

〔　　〕

(4) 文章の内容に合うものとして最も適切なものを次から一つ選び、記号で答えなさい。

ア 本を読むことで、言語化しにくい事柄がより多くなる。
イ 優れた著者の言葉で、言語化しにくかった事柄が言語化される。
ウ 暗黙知や身体知は、明確に言語化されて表面に出ている。
エ 言語化できるのは、優れた著者のみで、それは選ばれた人物である。

〔　　〕

ヒント
1 (4)「暗黙知」とはどういうものだといっているか、確かめましょう。

解答➔P.127

何問できた？　4問中　　問

読解

評論②

月　日

1 次の文章を読み、あとの問いに答えなさい。

ヨーロッパではジャガイモや豆類など夏作物を作る畑と、小麦を栽培《さいばい》する畑と、作物を作らずに休ませる休閑地《きゅうかんち》の三つに分け、a ローテーションをして土地を利用した。□、小麦は三年に一度しか作ることができなかった。この農法は三《さん》圃《ぽ》式農業と呼ばれるのだが、三年に一度畑を休ませないと、地力を維持《いじ》することができなかった。

これに対し、日本の田んぼは毎年、イネを育てることができる。一般《いっぱん》に作物は連作することができないから、毎年、栽培できる b イネはじつにあっぱれな植物なのである。しかも昔はイネを収穫《しゅうかく》した後に、小麦を栽培する二毛作を行った。ヨーロッパでは三年に一度しか小麦が栽培できないのに、日本では一年間にイネと小麦の両方を収穫することができた。

さらにイネは、作物の中でも際《きわ》立って収量が多い。播《ま》いた種の量と収穫して得られた穀物の量の比較《ひかく》を収穫倍率と言うが、十五世紀のデータでは小麦は五倍しかない。一粒《ひとつぶ》の種を播いて、五粒の小麦しか得られないのである。これに対し、十五世紀のイネの収穫倍率は二〇倍である。

（稲垣栄洋「徳川家の家紋はなぜ三つ葉葵なのか」東洋経済新報社）

(1) ——a とありますが、このように土地を利用した理由を三十字でぬき出し、初めと終わりの三字を書きなさい。

□□□～□□□から。

(2) □に当てはまる接続語を選び、記号で答えなさい。

ア つまり　イ けれども
ウ そして　エ ところで

〔　　〕

(3) ——b について次の問いに答えなさい。

① イネが「あっぱれな植物」である理由を（　）に合うように書きなさい。

・イネは、（　　　）と違《ちが》って（　　　）ができるから。

② ①の他に、イネが「あっぱれ」である理由を表す部分を本文中から書きぬきなさい。

〔　　　　〕

\ヒント/

1 (3)「イネ」と何を比較しているかに注目しましょう。

何問できた？　4問中　　問

読解

古文①

月　日

1 「徒然草」を、現代語訳と一緒に読んでみましょう。

仁和寺《にんなじ》にある法師、年寄るまで石清水《いはしみず》を拝まざりければ、心憂《う》く覚えて、あるとき①思ひたちて、ただ一人、徒歩《かち》より詣《まう》でけり。極楽寺《ごくらくじ》・高《かう》良《ら》などを拝みて、かばかりと心得て帰りにけり。

さて、かたへの人にあひて、「年ごろ思ひつること、果たしはべりぬ。聞きしにも過ぎて、尊くこそおはしけれ。そも、参りたる人ごとに山へ登りしは、何事かありけん、ゆかしかりしかど、神へ参るこそ本意《ほい》なれと思ひて、山までは見ず。」とぞ言ひける。

②少しのことにも、先達《せんだち》はあらまほしきことなり。

（兼好法師「徒然草」より）

現代語訳

仁和寺にいるある法師が、年を取るまで石清水八幡宮《はちまんぐう》に参拝したことがなかったので、残念に思っていて、あるとき思い立って、一人で徒歩で詣《もう》でた。極楽寺・高良社などを拝んでそれだけだと思い込《こ》んで帰ってきてしまった。

それで、仲間に向けて、「長年望んできたことを果たしてきました。聞いていたよりもさらに尊くいらっしゃいました。それにしても、参詣《さんけい》する人がみんな山に登っていったのは、何事があったのだろうか、知りたかったけれど、神に参ることこそが本来の目的なので山までは見ませんでした」と言ったのである。

少しのことであっても、指導者はいてほしいものだ。

やってみよう

(1) ——①「思ひたちて」を現代仮名遣《かなづか》いに直して、すべて平仮名で書きなさい。

〔　　　　〕

＼ポイント／

古文の筆者が何を伝えたいのか、文章の要点は何かを現代語訳を参考に捉《とら》えよう。特に最後の一文に注目してみよう。

(2) ——②のように作者が思ったのは、なぜですか。最も適切なものを次から一つ選び、記号で答えなさい。〔　　〕

ア 不明なことを質問するのは失礼だから。

イ 小さな望みはすぐに叶《かな》えるべきだから。

ウ 教える人がいないせいで見逃《みのが》したから。

読解

古文②

月　日

1 「平家物語」を、現代語訳と一緒に読んでみましょう。

与一《よいち》、鏑《かぶら》を取つてつがひ、よつ引《ぴ》いてひやうど放つ。小兵《こひやう》と①いふぢやう、十二束《そく》三伏《みつぶせ》、弓は強し、浦響《うらひび》くほど長鳴りして、あやまたず扇《あふぎ》の要際《かなめぎは》一寸ばかりおいて、ひいふつとぞ射切つたる。鏑は海へ入《い》りければ、扇は空へぞ上がりける。しばしは虚空《こくう》にひらめきけるが、春風に一もみ二もみもまれて、海へさつとぞ散つたりける。

夕日の輝《かかや》いたるに、皆紅《みなぐれなゐ》の扇の日出《い》だしたるが、白波《しらなみ》の上に漂《ただよ》ひ、浮《う》きぬ沈《しづ》みぬ揺《ゆ》られければ、②沖には平家、舟端《ふなばた》をたたいて感じたり。陸《くが》には源氏、箙《えびら》をたたいてどよめきけり。

（「平家物語」より）

現代語訳

与一は、鏑矢（射ると音の鳴る矢）をつがえ、引き絞《しぼ》ってひょうと放つ。小柄《こがら》な兵にふさわしく矢の長さは十二束三伏（だが）、弓は強い、浦に響くほど長く鳴り、誤りなく扇《おうぎ》の要の際から一寸ほど離《はな》れたところを、ひいふっと射切った。鏑矢は海に入り、扇は空へと上がった。しばらくは空中にひらめいていたが、春風に一もみ二もみもまれ、海へさっと散ったのだった。

夕日が輝《かがや》いているなかで、真っ赤な地に金の日の丸が描《えが》かれた扇が、白波の上に漂い、浮いたり沈んだりして揺られていたので、沖では平家が、舟端をたたいて感嘆《かんたん》した。陸では源氏が、箙（矢を入れて背負う武具）をたたいてはやしたてた。

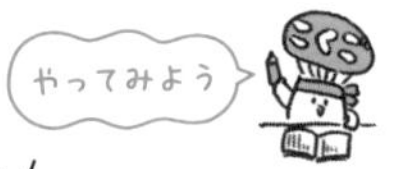

(1) ――①「いふぢやう」を現代仮《か》名《な》遣《づか》いに直して、すべて平仮名で書きなさい。

〔　　　　〕

＼ポイント／

対句表現

平家物語には、対句《ついく》表現（対になる語句を並べる表現）が多用され、リズムのよさや、躍動感《やくどうかん》などを生んでいます。

例 鏑は海へ入りければ、扇は空へぞ上がりける。

(2) ――②と対になった一文を本文中から抜き出し、初めの五字を書きなさい。

□□□□□

解答➜P.128

何問できた?　2問中　　問

数学 解答編

1 単項式《たんこうしき》と多項式《たこうしき》・式の次数《じすう》

❶ 単項式…ア、オ、カ
多項式…イ、ウ、エ

❷ (1) $2x$、9　(2) $4a^2$、$-6a$、5

❸ (1) 1　(2) 3

❹ (1) 4次式　(2) 2次式
(3) 4次式　(4) 5次式

解き方

❶ ア、オ、カのように、数や文字についての乗法だけでできている式が単項式、イ、ウ、エのように、単項式の和の形で表された式が多項式である。

❷ (2) 単項式の和の形で表すと、$4a^2+(-6a)+5$ となるから、$4a^2$、$-6a$、5が項である。

❸ かけあわされた文字の個数が、その式の次数である。
(2) $-3a^2b=-3\times a\times a\times b$ となり、文字は3個あるから次数は3である。

❹ (1) 次数が最も大きいものはabc^2だから、4次式である。

2 多項式《たこうしき》の加法と減法①

❶ (1) $3x$と$6x$、$4y$と$2y$
(2) $9a^2$と$-a^2$、$-5a$と$7a$

❷ (1) $2x+10y$　(2) $-2a+7b$
(3) $-x+2y$　(4) $12x^2-9x$
(5) $-4ab-11b$　(6) $-6xy-3y$
(7) $\frac{1}{12}x-y$　(8) $\frac{9}{8}a-\frac{2}{15}b$

解き方

❶ (1) 文字の部分が同じ$3x$と$6x$、$4y$と$2y$が、それぞれ同類項である。

❷ 同類項の係数どうしの和や差に共通の文字をつけて、1つにまとめる。

(1) $5x+6y-3x+4y$
$=5x-3x+6y+4y$
$=(5-3)x+(6+4)y=2x+10y$

(3) $x-5y-2x+7y$
$=x-2x-5y+7y$
$=(1-2)x+(-5+7)y=-x+2y$

(7) $\frac{1}{3}x+4y-\frac{1}{4}x-5y$
$=\frac{1}{3}x-\frac{1}{4}x+4y-5y$
$=\left(\frac{4}{12}-\frac{3}{12}\right)x+(4-5)y$
$=\frac{1}{12}x-y$

(8) $\frac{5}{8}a-\frac{4}{5}b+\frac{1}{2}a+\frac{2}{3}b$
$=\frac{5}{8}a+\frac{1}{2}a-\frac{4}{5}b+\frac{2}{3}b$
$=\left(\frac{5}{8}+\frac{4}{8}\right)a+\left(-\frac{12}{15}+\frac{10}{15}\right)b$
$=\frac{9}{8}a-\frac{2}{15}b$

3 多項式《たこうしき》の加法と減法②

❶ (1) $11x-y$　(2) $6a+2b$
(3) $9ab+4a$　(4) $10x^2+4x-3$
(5) $-a+3b$　(6) $-3x+14y$
(7) $5a^2-a$　(8) $-xy-9x+3$

❷ (1) $5x+3y$　(2) $-7a-4b$

解き方

❶ かっこをはずしてから同類項をまとめる。

(1) 加法はそのままかっこをはずす。
$(5x-3y)+(6x+2y)$
$=5x-3y+6x+2y$
$=5x+6x-3y+2y$
$=11x-y$

(5) 減法はひく式の各項の符号を変えてかっこをはずす。
$(7a+5b)-(8a+2b)$
$=7a+5b-8a-2b$
$=7a-8a+5b-2b$
$=-a+3b$

(8) $(2xy-5+x)-(3xy+10x-8)$
$=2xy-5+x-3xy-10x+8$
$=2xy-3xy+x-10x-5+8$
$=-xy-9x+3$

❷ (2)

$$\begin{array}{rr} & -3a-9b \\ -) & 4a-5b \\ \hline \end{array} \quad \rightarrow \quad \begin{array}{rr} & -3a-9b \\ +) & -4a+5b \\ \hline & -7a-4b \end{array}$$

やりがちミス!

❶ (5) $-($　　$)$のかっこをはずすときは、各項の符号を変えること。$-(8a+2b)$のかっこをはずして、$-8a+2b$ としないように。

4 多項式《たこうしき》の計算①

1 (1) $6x+10y$　(2) $24a-8b$

(3) $-27x-12y$　(4) $-30x+48y$

(5) $14a+12b-6$

(6) $10x+35y-20$

2 (1) $4a+5b$　(2) $-5x-6y$

(3) $-7x+2y$　(4) $20a-32b$

解き方

1 (1) $2(3x+5y)$

$=2\times3x+2\times5y$

$=6x+10y$

(2) $4(6a-2b)$

$=4\times6a+4\times(-2b)$

$=24a-8b$

(5) $-2(-7a-6b+3)$

$=-2\times(-7a)-2\times(-6b)-2\times3$

$=14a+12b-6$

2 (1) $(8a+10b)\div2=(8a+10b)\times\frac{1}{2}$

$=8a\times\frac{1}{2}+10b\times\frac{1}{2}=4a+5b$

または、

$(8a+10b)\div2=\frac{8a+10b}{2}=\frac{8a}{2}+\frac{10b}{2}=4a+5b$

(2) $(25x+30y)\div(-5)$

$=(25x+30y)\times\left(-\frac{1}{5}\right)$

$=25x\times\left(-\frac{1}{5}\right)+30y\times\left(-\frac{1}{5}\right)$

$=-5x-6y$

(4) $(15a-24b)\div\frac{3}{4}=(15a-24b)\times\frac{4}{3}$

$=15a\times\frac{4}{3}-24b\times\frac{4}{3}$

$=20a-32b$

5 多項式《たこうしき》の計算②

1 (1) $17a+11b$　(2) $14x+y$

(3) $-6a+22b$　(4) $12x-11y$

2 (1) $\frac{13a-3b}{4}$　(2) $\frac{8x+27y}{15}$

解き方

1 (1) $3(3a+7b)+2(4a-5b)=9a+21b+8a-10b$

$=17a+11b$

(3) $6(2a+3b)-2(9a-2b)=12a+18b-18a+4b$

$=-6a+22b$

(4) $3(8x-5y)-4(3x-y)=24x-15y-12x+4y$

$=12x-11y$

2 通分して分子の同類項をまとめる。

(1) $\frac{5a-4b}{2}+\frac{3a+5b}{4}$

$=\frac{2(5a-4b)}{4}+\frac{3a+5b}{4}$

$=\frac{10a-8b+3a+5b}{4}$

$=\frac{13a-3b}{4}$

(2) $\frac{6x+4y}{5}-\frac{2x-3y}{3}$

$=\frac{3(6x+4y)}{15}-\frac{5(2x-3y)}{15}$

$=\frac{3(6x+4y)-5(2x-3y)}{15}$

$=\frac{18x+12y-10x+15y}{15}$

$=\frac{8x+27y}{15}$

ここも大事!

分子のかっこを忘れない

2 で通分するとき、分子の多項式にかっこをつけること。

$\frac{5a-4b}{2}=\frac{2(5a-4b)}{4}$ となるよ。

6 単項式《たんこうしき》の乗法と除法①

1 (1) $6xy$　(2) $-24a^2b$

(3) $-63xy^3$　(4) $8a$

(5) $-5xy$　(6) $-\frac{3}{10}b^2$

2 (1) $10a$　(2) $-27x$

(3) -12　(4) $-50ab$

解き方

1 (1) $3x\times2y=3\times2\times x\times y=6xy$

(3) 累乗の部分を先に計算する。

$(-7xy)\times(-3y)^2$

$=(-7xy)\times9y^2=-63xy^3$

(4) $16ab\div2b=\frac{16ab}{2b}=8a$

(6) $\frac{1}{4}a^2b^3\div\left(-\frac{5}{6}a^2b\right)=\frac{a^2b^3}{4}\div\left(-\frac{5a^2b}{6}\right)$

$=\frac{a^2b^3}{4}\times\left(-\frac{6}{5a^2b}\right)=-\frac{3}{10}b^2$

2 乗法だけの式になおして計算する。

(1) $18a^2b\div9ab^2\times5b=18a^2b\times\frac{1}{9ab^2}\times5b$

$=\frac{18a^2b\times5b}{9ab^2}=10a$

(4) $\left(-\frac{8}{3}a^2b\right)\times 12ab^2\div\left(-\frac{4}{5}ab\right)^2$

$=\left(-\frac{8}{3}a^2b\right)\times 12ab^2\div\frac{16}{25}a^2b^2$

$=\left(-\frac{8}{3}a^2b\right)\times 12ab^2\times\frac{25}{16a^2b^2}$

$=-\frac{8a^2b\times 12ab^2\times 25}{3\times 16a^2b^2}=-50ab$

7 単項式《たんこうしき》の乗法と除法②

1 (1) 30 (2) 80

(3) -12 (4) -75

2 (1) 6 (2) 9

(3) $\frac{27}{4}$ (4) 54

解き方

1 式を簡単にしてから数を代入する。

(1) $12x^2y\div(-4x)=-\frac{12x^2y}{4x}=-3xy$

$=-3\times 2\times(-5)=30$

(2) $(-28x^3y^2)\div 7xy=-\frac{28x^3y^2}{7xy}=-4x^2y$

$=-4\times 2^2\times(-5)=80$

2 (1) $(-48ab)\div 6a=-\frac{48ab}{6a}=-8b$

$=-8\times\left(-\frac{3}{4}\right)=6$

(3) $8ab^2\div(-14a^2b)\times(-21ab)$

$=8ab^2\times\left(-\frac{1}{14a^2b}\right)\times(-21ab)$

$=\frac{8ab^2\times 1\times 21ab}{14a^2b}=12b^2$

$=12\times\left(-\frac{3}{4}\right)^2=12\times\frac{9}{16}=\frac{27}{4}$

(4) $4ab^2\times(-6a^2b^2)\div 3ab^3$

$=4ab^2\times(-6a^2b^2)\times\frac{1}{3ab^3}$

$=-\frac{4ab^2\times 6a^2b^2\times 1}{3ab^3}=-8a^2b$

$=-8\times 3^2\times\left(-\frac{3}{4}\right)=-8\times 9\times\left(-\frac{3}{4}\right)=54$

8 文字式の利用①

1 ① 5 ② 5

③ 5 ④ 整数

2 ① $n+2$ ② 3 ③ $n+1$

解き方

1 5の倍数であることを説明するには、5×(整数)の形を導けばよい。

2 連続する3つの整数の和は、n、$n+1$、$n+2$と表す。これらの和が3×(整数)の形になるように導けばよい。

9 文字式の利用②

1 ① $10x+y$ ② $10y+x$

③ $11(x+y)$ ④ $x+y$

2 (1) $x=4-y$

(2) $h=\frac{V}{S}$

(3) $a=\frac{10-4b}{3}$

(4) $y-\frac{7x-15}{2}$

(5) $b=\frac{\ell}{2}-a$

(6) $m=\frac{2S}{5}-n$

解き方

1 $10x+y$で表した2けたの自然数の、十の位の数xと一の位の数yを入れかえた数は、$10y+x$となる。11の倍数であることは、11×(整数)の形に導いて説明する。

2 (1) $x+y=4$

yを移項すると、

$x=4-y$

(2) $V=Sh$

両辺を入れかえると、

$Sh=V$

両辺をSでわると、

$h=\frac{V}{S}$

(3) $3a+4b=10$

$4b$を移項すると、

$3a=10-4b$

両辺を3でわると、

$a=\frac{10-4b}{3}$

(6) $S=\frac{5(m+n)}{2}$

両辺を入れかえると、

$\frac{5(m+n)}{2}=S$

両辺に2をかけると、

$5(m+n)=2S$

両辺を5でわると、

$m+n=\frac{2S}{5}$

nを移項すると、

$m=\frac{2S}{5}-n$

10 連立方程式の解き方（加減法）①

1 (1) $x=3$、$y=-2$

(2) $x=-1$、$y=2$

(3) $x=4$、$y=1$

(4) $x=-2$、$y=-3$

(5) $x=1$、$y=-5$

(6) $x=-4$、$y=-3$

解き方

以下、与えられた連立方程式で、上の式を①、下の式を②とする。

1 (1)

$$\begin{array}{lrl} ① & & 2x+y=4 \\ ② & +) & 3x-y=11 \\ \hline & & 5x\quad =15 \\ & & \quad x=3 \end{array}$$

$x=3$ を①に代入すると、

$2\times3+y=4$、$y=-2$

よって、$x=3$、$y=-2$

(3)

$$\begin{array}{lrl} ①\times2 & & 8x-2y=30 \\ ② & +) & 3x+2y=14 \\ \hline & & 11x\quad =44 \\ & & \quad x=4 \end{array}$$

$x=4$ を①に代入すると、

$4\times4-y=15$、$y=1$

よって、$x=4$、$y=1$

(5)

$$\begin{array}{lrl} ①\times3 & & 15x+6y=-15 \\ ②\times2 & +) & 8x-6y=38 \\ \hline & & 23x\quad =23 \\ & & \quad x=1 \end{array}$$

$x=1$ を①に代入すると、

$5\times1+2y=-5$、$y=-5$

よって、$x=1$、$y=-5$

(6)

$$\begin{array}{lrl} ①\times5 & & 10x-35y=65 \\ ②\times2 & +) & -10x+8y=16 \\ \hline & & -27y=81 \\ & & \quad y=-3 \end{array}$$

$y=-3$を②に代入すると、

$-5x+4\times(-3)=8$、$x=-4$

よって、$x=-4$、$y=-3$

11 連立方程式の解き方（加減法）②

1 (1) $x=2$、$y=-1$

(2) $x=-2$、$y=5$

(3) $x=1$、$y=2$

(4) $x=5$、$y=-3$

解き方

1 (1) ①の式の両辺を10倍する。

$$\begin{cases} 2x+y=3 & \cdots①' \\ 4x-y=9 & \cdots② \end{cases}$$

$$\begin{array}{lrl} ①' & & 2x+y=3 \\ ② & +) & 4x-y=9 \\ \hline & & 6x\quad =12 \\ & & \quad x=2 \end{array}$$

$x=2$ を①′ に代入すると、$y=-1$

よって、$x=2$、$y=-1$

(3) ①の式の両辺を 6 倍する。

$$\begin{cases} 2x-3y=-4 & \cdots①' \\ 3x+2y=7 & \cdots② \end{cases}$$

$$\begin{array}{lrl} ①'\times3 & & 6x-9y=-12 \\ ②\times2 & -) & 6x+4y=14 \\ \hline & & -13y=-26 \\ & & \quad y=2 \end{array}$$

$y=2$ を②に代入すると、$x=1$

よって、$x=1$、$y=2$

(4) ①の式の両辺を12倍、②の式の両辺を40倍する。

$$\begin{cases} 3x+7y=-6 & \cdots①' \\ -12x-5y=-45 & \cdots②' \end{cases}$$

$$\begin{array}{lrl} ①'\times4 & & 12x+28y=-24 \\ ②' & +) & -12x-5y=-45 \\ \hline & & 23y=-69 \\ & & \quad y=-3 \end{array}$$

$y=-3$ を①′ に代入すると、$x=5$

よって、$x=5$、$y=-3$

やりがちミス！

両辺を○倍するとき、左辺だけでなく右辺も○倍することを忘れないように注意しよう。

12 連立方程式の解き方（代入法）①

1 (1) $x=1$、$y=-2$

(2) $x=2$、$y=-3$

(3) $x=-\dfrac{1}{2}$、$y=5$

(4) $x=4$、$y=-1$

(5) $x=-2$、$y=3$

(6) $x=-3$、$y=5$

解き方

❶ (1) ①を②に代入すると、
$3x+(2x-4)=1$
$5x=5$、$x=1$
$x=1$ を①に代入すると、
$y=2\times1-4=-2$
よって、$x=1$、$y=-2$

(4) ①を②に代入すると、
$2(y+5)+5y=3$
$2y+10+5y=3$、$y=-1$
$y=-1$ を①に代入すると、
$x=-1+5=4$
よって、$x=4$、$y=-1$

(6) ②を①に代入すると、
$-4(2y-13)-3y=-3$
$-8y+52-3y=-3$、$y=5$
$y=5$を②に代入すると、
$x=2\times5-13=-3$
よって、$x=-3$、$y=5$

13 連立方程式の解き方（代入法）②

❶ (1) $x=3$、$y=-1$
(2) $x=2$、$y=-5$
(3) $x=1$、$y=6$
(4) $x=-3$、$y=-4$
(5) $x=-7$、$y=5$
(6) $x=-5$、$y=-6$

解き方

❶ (1) ①を y について解くと、
$y=-2x+5$…①′
①′ を②に代入すると、
$4x+3(-2x+5)=9$
$4x-6x+15=9$、$x=3$
$x=3$ を①′ に代入すると、
$y=-2\times3+5=-1$
よって、$x=3$、$y=-1$

(4) ①を x について解くと、
$x=2y+5$…①′
①′ を②に代入すると、
$4(2y+5)-7y=16$
$8y+20-7y=16$、$y=-4$
$y=-4$ を①′ に代入すると、
$x=2\times(-4)+5=-3$
よって、$x=-3$、$y=-4$

14 いろいろな連立方程式の解き方

❶ (1) $x=-1$、$y=2$
(2) $x=4$、$y=-5$
(3) $x=-2$、$y=-3$
(4) $x=3$、$y=-1$
(5) $x=2$、$y=-4$
(6) $x=-5$、$y=-6$

解き方

❶ (1) ①の式のかっこをはずして整理する。

$$\begin{cases} 3x+2y=1 & \cdots①' \\ 2x-y=-4 & \cdots② \end{cases}$$

$$\begin{array}{lrl} ①' & & 3x+2y=1 \\ ②\times2 & +) & 4x-2y=-8 \\ \hline & & 7x \qquad =-7 \\ & & \qquad x=-1 \end{array}$$

$x=-1$ を②に代入すると、$-2-y=-4$、$y=2$
よって、$x=-1$、$y=2$

(4) ①、②の式のかっこをはずして整理する。

$$\begin{cases} 2x-y=7 & \cdots①' \\ x+8y=-5 & \cdots②' \end{cases}$$

$$\begin{array}{lrl} ①' & & 2x-\quad y=7 \\ ②'\times2 & -) & 2x+16y=-10 \\ \hline & & \quad -17y=17 \\ & & \qquad y=-1 \end{array}$$

$y=-1$ を①′ に代入すると、$2x+1=7$、$x=3$
よって、$x=3$、$y=-1$

やりがちミス!

②のかっこをはずすとき、
$-4(x-2y)=-4x-8y$ としない。
うしろの項にかけるときの符号のミスに注意しよう。

(5) $x+y=3x+2y=-2$→2つの式をつくる。
$A=B=C$

$$\begin{cases} x+y=-2 & \cdots① \\ 3x+2y=-2 & \cdots② \end{cases} \leftarrow \begin{cases} A=C \\ B=C \end{cases} \text{の形}$$

$$\begin{array}{lrl} ①\times2 & & 2x+2y=-4 \\ ② & -) & 3x+2y=-2 \\ \hline & & -x \qquad =-2 \\ & & \qquad x=2 \end{array}$$

$x=2$ を①に代入すると、$2+y=-2$、$y=-4$
よって、$x=2$、$y=-4$

15 連立方程式の利用①

❶ (1) $\begin{cases} 2x+3y=550 \\ 7x+6y=1340 \end{cases}$

(2) 鉛筆…80円　ノート…130円

❷ 大人…400円　子ども…150円

解き方

❷ 大人１人の入館料を x 円、子ども１人の入館料を y 円として、それぞれの人数と入館料の関係から、２つの方程式をつくる。

$\begin{cases} 2x+3y=1250 & \cdots① \\ 5x+8y=3200 & \cdots② \end{cases}$

①×5　　$10x+15y=6250$

②×2　$-)\ 10x+16y=6400$

$-y=-150$

$y=150$

$y=150$ を①に代入すると、

$2x+450=1250$、$x=400$

$x=400$、$y=150$ は問題にあっている。

よって、大人は400円、子どもは150円

16 連立方程式の利用②

❶ (1) $\begin{cases} x+y=40 \\ \dfrac{85}{100}x+\dfrac{120}{100}y=40+1 \end{cases}$

(2) 男子…17人　女子…24人

❷ 歩いた道のり…600m

走った道のり…400m

解き方

❶ (2) (1)の連立方程式を解くと、$x=20$、$y=20$

今年の男子の部員数は、$\dfrac{85}{100}\times20=17$(人)

女子の部員数は、$\dfrac{120}{100}\times20=24$(人)

❷ 歩いた道のりを x m、走った道のりを y mとして連立方程式をつくると、

$\begin{cases} x+y=1000 & \cdots① \leftarrow \text{道のりの関係} \\ \dfrac{x}{60}+\dfrac{y}{80}=15 & \cdots② \leftarrow \text{時間の関係} \end{cases}$

②×240 より、$4x+3y=3600$…②′

①×３－②′ より、$-x=-600$、$x=600$

$x=600$ を①に代入すると、

$600+y=1000$、$y=400$

$x=600$、$y=400$ は問題にあっている。

よって、歩いた道のりは600m、走った道のりは400m

17 １次関数・変化の割合

❶ ウ、オ、カ

❷ (1) 6　(2) 18　(3) 3

❸ (1) 変化の割合…2

y の増加量…8

(2) 変化の割合…-7

y の増加量…-28

解き方

❶ $y=$～の式に変形する。

ア　$xy=10$ より、$y=\dfrac{10}{x}$ …１次関数ではない

イ　$y=5x^2$ …１次関数ではない

ウ　$2x-y=9$ より、$y=2x-9$ …１次関数である

エ　$x^2+4y=8$ より、$y=-\dfrac{1}{4}x^2+2$ …１次関数ではない

オ　$y-\dfrac{x}{3}=6$ より、$y=\dfrac{1}{3}x+6$ …１次関数である

カ　$\dfrac{y}{x}=-8$ より、$y=-8x$ …１次関数である

❷ (1) $4-(-2)=6$

(2) $(3\times4+2)-\{3\times(-2)+2\}=18$

(3) 変化の割合$=\dfrac{y\text{の増加量}}{x\text{の増加量}}$ だから、$\dfrac{18}{6}=3$

❸ １次関数 $y=ax+b$ で、変化の割合は a に等しい。また、(yの増加量)$=a\times$(xの増加量)で求める。

(1) y の増加量は、$2\times4=8$

(2) y の増加量は、$-7\times4=-28$

18 １次関数のグラフのかき方

❶ (1) ① -3　② -3

(2) ③ 2　④ 1　⑤ 2　⑥ -1

(3)

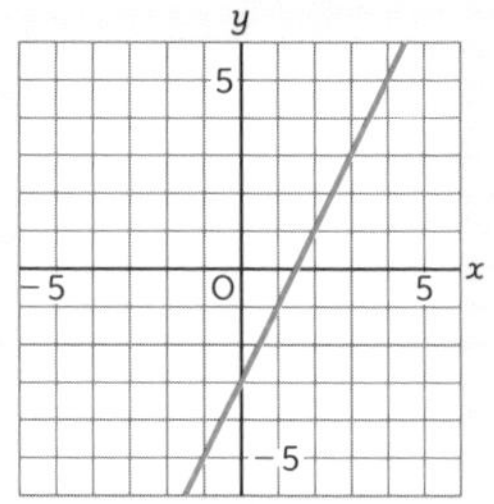

②

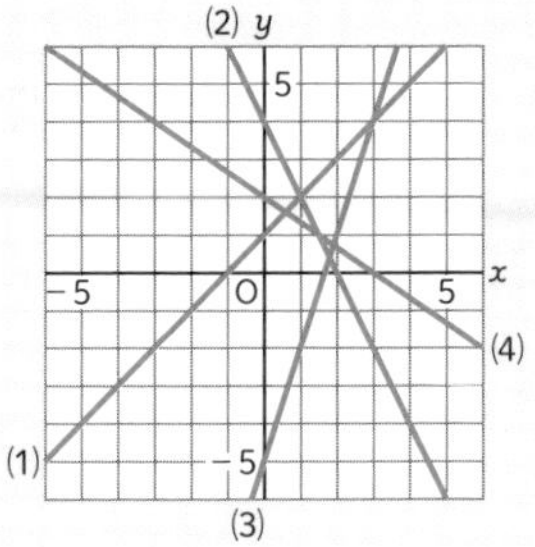

解き方

② (1)　切片が1だから、点(0，1)を通る。傾きが1だから、点(0，1)から右へ1、上へ1進んだ点(1，2)を通る。この2点を通る直線をひけばよい。

(4)　切片が2だから、点(0，2)を通る。傾きが$-\frac{2}{3}$だから、点(0，2)から右へ3、下へ2進んだ点(3，0)を通る。この2点を通る直線をひけばよい。

19　1次関数の式を求める

① (1)　$y=-2x+1$　(2)　$y=\frac{1}{3}x+4$

(3)　$y=x-2$

② (1)　$y=5x-4$　(2)　$y=-2x+5$

(3)　$y=-3x+10$

(4)　$y=-6x+13$

解き方

① グラフから傾きと切片を読み取って、式を求める。

(1)　点(0，1)を通るので、切片は1　また、点(0，1)から右へ1進むと、下へ2進むので、傾きは−2
よって、求める直線の式は、$y=-2x+1$

(2)　点(0，4)を通るので、切片は4　また、点(0，4)から右へ3進むと、上へ1進むので、傾きは$\frac{1}{3}$
よって、求める直線の式は、$y=\frac{1}{3}x+4$

(3)　点(0，−2)を通るので、切片は−2　また、点(0，−2)から右へ1進むと、上へ1進むので、傾きは1　よって、求める直線の式は、$y=x-2$

② 求める1次関数の式を$y=ax+b$とおく。

(1)　平行な直線の傾きは同じだから、$y=5x+b$とおける。また、点(0，−4)を通るので、切片は−4
よって、求める1次関数の式は、$y=5x-4$

(2)　傾きが−2だから、$y=-2x+b$とおける。点(1，3)を通るから、$3=-2+b$、$b=5$
よって、求める1次関数の式は、$y=-2x+5$

(3)　変化の割合が−3だから、$y=-3x+b$とおける。$x=3$、$y=1$を代入して、$1=-9+b$、$b=10$
よって、求める1次関数の式は、$y=-3x+10$

(4)　2点の座標から傾きを求める。
傾きは$\frac{-5-25}{3-(-2)}=-6$だから、$y=-6x+b$とおける。点(3，−5)を通るから、$-5=-18+b$、$b=13$
よって、求める1次関数の式は、$y=-6x+13$

ここも大事！

2点の座標がわかるとき

$y=ax+b$に2点の座標のx、yの値を代入して、a、bの連立方程式として解いてもよい。

20　2元1次方程式とグラフ

①

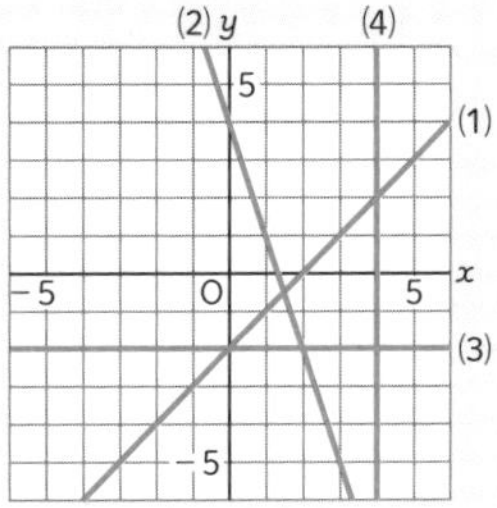

② (1)　$y=3$　(2)　$x=-4$

(3)

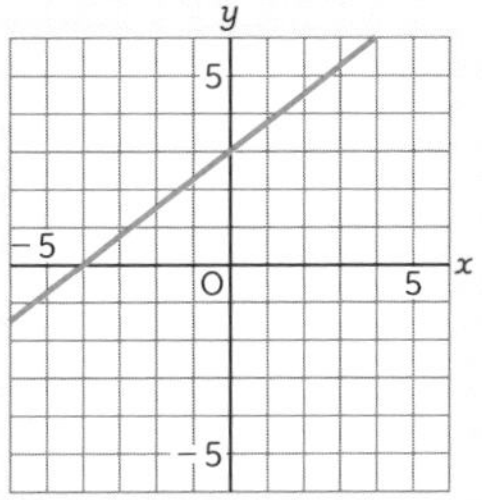

解き方

① (1)　$y=x-2$と変形できるので、傾き1、切片−2の直線になる。

(2)　$y=-3x+4$と変形できるので、傾き−3、切片4の直線になる。

(3)　点(0，−2)を通るx軸に平行な直線になる。

(4)　$x=4$と変形でき、点(4，0)を通るy軸に平行な直線になる。

② (1)　式に$x=0$を代入して、$0-4y=-12$、$y=3$

(2)　式に$y=0$を代入して、$3x-0=-12$、$x=-4$

(3)　2点(0，3)、(−4，0)を通る直線になる。

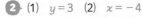

社会 解答編

1 ヨーロッパとイスラム世界

1 (1) X…ウ　Y…イ　Z…ア

(2) ①エルサレム

②ローマ教皇(法王)

(3) ルネサンス

(4) アとウ（順不同）

(5) プロテスタント

解き方

1 (1) **ア**〜**ウ**は、いずれもイスラム国家である。**ア**はインド全域を支配した。**イ**はトルコ系イスラム国家で、西アジア・北アフリカ・バルカン半島までを支配した。**ウ**は、西アジアからイベリア半島までを支配した。

(2) ①エルサレムは、ユダヤ教・キリスト教・イスラム教の聖地。ローマ教皇の呼びかけで、キリスト教徒で結成された十字軍は、イスラム教徒から聖地を奪回するために派遣《はけん》された。

(5) 宗教改革は、教皇や教会の権威《けんい》を否定して始められた改革で、この改革に賛同する人々はプロテスタント(抗議《こうぎ》する者)と呼ばれた。

ここも大事!

十字軍の遠征《えんせい》とヨーロッパの変化

ヨーロッパとイスラムの交易が始まる。

⇒東方の学問、文学、美術、紙、火薬、羅針盤《らしんばん》などがヨーロッパに伝わる。

⇒ルネサンスの広がり、航海術・印刷技術の発展。

2 ヨーロッパ世界の拡大

1 (1) ウ　(2) ア

2 (1) エ

(2) 人物…(フランシスコ・)ザビエル

記号…イ

(3) 南蛮《なんばん》貿易　(4) ウ

解き方

1 (1) **ウ**は、アメリカ大陸に連なる西インド諸島に初めて到達した人物。

(2) ヨーロッパの国では、アジアの産物である、こしょうなどの香辛料は貴重な物だった。

2 (3) ポルトガル人やスペイン人は南蛮人と呼ばれた。

3 安土桃山《あづちももやま》時代

1 (1) 鉄砲《てっぽう》

(2) A…織田信長《おだのぶなが》　B…豊臣秀吉《とよとみひでよし》

(3) X…座《ざ》　Y…刀狩《かたながり》

(4) 太閤《たいこう》検地　(5) 兵農分離《へいのうぶんり》

(6) 千利休《せんのりきゅう》

解き方

1 (1) 織田・徳川連合軍は、長篠《ながしの》の戦いで鉄砲を有効活用し、戦国最強といわれた武田《たけだ》軍を破った。

(3) **X**の座は、当時の商工業者の同業者組合で、公家や神社に税を納める代わりに営業を独占していた。

4 江戸《えど》幕府の成立としくみ

1 (1) 徳川家康《とくがわいえやす》

(2) ①ウ　②幕藩《ばくはん》

(3) ①ア

②制度…参勤交代《さんきんこうたい》

人物…徳川家光《いえみつ》

解き方

1 (2)① 外様大名は、江戸からはなれたところに配置された。地図中の**A**が外様大名の領地、**B**が親藩・譜代大名の領地、**C**が幕府領を示している。

(3)① 江戸幕府は、大名を統制するために**ア**を出した。**イ**は鎌倉《かまくら》幕府が出した武士の慣習などをまとめたもの。**ウ**は江戸幕府が天皇や公家《くげ》を統制するために出した法令。

5 さまざまな身分とくらし

1 (1) A…武士　B…町人　C…百姓

(2) C　(3) C　(4) 五人組

解き方

1 (2)(3) 百姓の大部分は農民で、収穫した米の一定の割合を年貢として幕府や藩に納める義務が課され、それが武士の生活を支えていた。

6 貿易の振興《しんこう》から鎖国《さこく》へ

1 (1) 朱印船《しゅいんせん》貿易　(2) ウ
(3) A…スペイン
B…ポルトガル
C…オランダ

2 (1) ウ　(2) イ

解き方

1 (2) 1637年におきた島原・天草一揆を鎮圧《ちんあつ》した幕府は、1639年にポルトガル船の来航を禁止し、1641年にオランダ商館を出島に移した。
(3) 鎖国体制のもと、キリスト教の布教を行わないオランダと中国のみ貿易が許可された。

2 (1) 当時、薩摩藩《さつまはん》の支配下にあった琉球《りゅうきゅう》は、幕府から異国として位置づけられ、明《みん》や清《しん》との朝貢貿易も継続していた。
(2) 幕府は、ヨーロッパやアジアの情勢を報告するようにオランダに風説書の提出を義務付けて、外交情報を独占《どくせん》した。

やりがちミス!

1 (1) 朱印船貿易と勘合《かんごう》(日明)貿易をまちがえないようにしよう。

貿易	勘合(日明)貿易	朱印船貿易
開始時期	室町《むろまち》時代	江戸《えど》時代
行った人物	足利義満《あしかがよしみつ》	徳川家康《とくがわいえやす》
許可証	勘合(木札)	朱印状(書状)
主な貿易相手	明《みん》(中国)	東南アジア諸国

7 産業の発達と交通路の整備

1 (1) ア　(2) A…イ　B…ア
(3) X…銀　Y…金　Z…銅
(4) 五街道《ごかいどう》　(5) ウ

解き方

1 (1) 幕府や藩《はん》は年貢《ねんぐ》を増やすため、用水路の整備や干拓《かんたく》を行って新田開発を進めた。また、新しい農具や、農業の知識・技術も広まり、農業の生産力が上がった。
(2) **ウ**は弥生《やよい》時代に使われた、稲《いね》の穂《ほ》を摘《つ》む道具。**ア**は脱穀《だっこく》の道具、**イ**は畑を深く耕す道具である。

8 都市の繁栄《はんえい》と元禄《げんろく》文化

1 (1) ①A…大阪　B…京都　C…江戸
②蔵屋敷《くらやしき》
(2) X…徳川綱吉《とくがわつなよし》　Y…朱子学《しゅしがく》
(3) 元禄　(4) ウ

解き方

1 (2) 徳川綱吉は、学問や礼節を重んじる政治を行った。また、主従関係や上下関係を重視する朱子学を学ばせることで身分制の維持を図った。
(4) **ア**の近松門左衛門は人形浄瑠璃《にんぎょうじょうるり》の脚本家《きゃくほんか》。**イ**の井原西鶴は浮世草子《うきよぞうし》を書いた小説家。**エ**の菱川師宣は浮世絵《うきよえ》の祖と呼ばれる画家である。

9 享保《きょうほう》の改革と社会の変化

1 (1) 徳川吉宗《とくがわよしむね》　(2) ウ　(3) イ

2 (1) 商品作物　(2) ア

解き方

1 (2) **ア**は17世紀後半に徳川綱吉が行った政策。**イ**は18世紀初めに新井白石《あらいはくせき》が行った政策。徳川吉宗は幕府の財政難に対処するため、年貢《ねんぐ》を増やそうと考え、新田開発などを行った。
(3) **イ**の公事方御定書で裁判や刑の基準を定めた。**ア**は1615年に出された禁中並公家諸法度《きんちゅうならびにくげしょはっと》で、天皇の役割や朝廷の運営方針を定めたもの。

10 幕府や諸藩《しょはん》の改革

1 (1) C　(2) 狂歌《きょうか》
(3) B…ウ　C…イ

2 (1) 打ちこわし　(2) ア

解き方

1 (1) 和歌の「白河《しらかわ》」は元白河藩主《はんしゅ》の松平定信《まつだいらさだのぶ》のこと。寛政《かんせい》の改革を行っている松平定信より、田《た》沼意次《ぬまおきつぐ》の政治が、まだましであったという内容。

2 (2) **イ**は陶磁器《とうじき》の専売、**ウ**は海運業で成功した。

やりがちミス!

2 (1) 打ちこわしと百姓一揆をまちがえないようにしよう。

・打ちこわし…米を買いしめた商人を襲《おそ》う都市部の騒動《そうどう》。
・百姓一揆…年貢の取り立てに対して農民がおこす反乱。

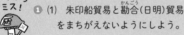

11 新しい学問と化政《かせい》文化

1 (1) 国学《こくがく》　(2) イ
(3) 伊能忠敬《いのうただたか》　(4) 寺子屋《てらこや》

2 (1) イ　(2) ア、イ、エ（順不同）

解き方

1 (1) 本居宣長が「古事記伝《こじきでん》」を書いて国学を大成させた。
(2) 下線部Bの学問を蘭学《らんがく》という。徳川吉宗《とくがわよしむね》がキリスト教と関係のない洋書の輸入禁止を緩めたことでさかんになった。**ア**は「東海道中膝栗毛《とうかいどうちゅうひざくりげ》」を書いた人物、**ウ**は仏教や儒学《じゅがく》が伝わる以前の日本人のものの考え方を研究した人物である。

2 (1) **ア**は元禄《げんろく》文化、**イ**は化政文化、**ウ**は桃山《ももやま》文化。
(2) 化政文化が栄えた時期、浮世絵では、錦絵と呼ばれる多色刷りの版画が流行した。**ア・イ・エ**の人物は化政文化を代表する錦絵の画家。**ウ**の人物は元禄文化を代表する浮世絵の画家。

やりがちミス！

2 (1) 江戸時代に栄えた2つの文化を区別しよう。

・元禄文化…17世紀後半～18世紀初め、上方（京都・大阪）の町人を中心とした文化。
・化政文化…19世紀前半、江戸の町人を中心とした文化。

12 外国船の接近と天保《てんぽう》の改革

1 (1) イ　(2) X…イ　Y…ウ　Z…ア
(3) 株仲間《かぶなかま》　(4) イ
(5) D→A→C→B

解き方

1 (1) **ア**は薪《まき》や水などを与えて外国船を退去させる法令。**ウ**は質素倹約に関連する法令である。
(5) **A**は1825年、**B**は1841～1843年、**C**は1837年、**D**は1808～1809年のできごとである。

ここも大事！

寛政《かんせい》の改革と天保の改革（一部）

・**寛政の改革（松平定信《まつだいらさだのぶ》）**
⇒商品作物の栽培制限、朱子学以外の儒学《じゅがく》禁止、出版の統制、江戸の武士の借金帳消し、米を蓄えさせる、農民を村に返す。

・**天保の改革（水野忠邦）**
⇒株仲間の解散、出版の統制、農民の出稼ぎ禁止、江戸・大阪の周辺の幕領化の計画。

13 地域調査の手法

1 (1) イ→ウ→ア
(2) ①ルートマップ
② a…ウ　b…イ　c…ア

解き方

1 (2)① 事前に、行く場所の道順（ルート）や目印、調べる内容などを地図に示したルートマップを作成しておくと、効率よく野外調査ができる。

14 身近な地域の調査

1 (1) 1
(2) A…老人ホーム
B…寺院（寺）
C…郵便局
(3) 北東　(4) Y　(5) ア

解き方

1 (1) 25000分の1の地形図で、実際の距離《きょり》は、「地形図上の長さ×25000」で求める。
よって、4×25000＝100000で、
100000cm＝1km
(4) 等高線の間隔《かんかく》がせまいほど傾《かたむ》きは急である。

やりがちミス！

1 (5) 地形図によって、等高線の主曲線と計曲線が引かれる間かくは異なる。

等高線＼地形図	25000分の1	50000分の1
計曲線	50mごと	100mごと
主曲線	10mごと	20mごと

15 日本の自然環境《かんきょう》①

1 (1) フォッサマグナ
(2) 黒潮《くろしお》（日本海流）
(3) 日本アルプス　(4) 火山

2 (1) 扇状地《せんじょうち》　(2) ウ

解き方

❷ (2)　扇状地は、川から流れてくる小さい石などが堆積《たいせき》してできているので水はけがよい。そのため、くだものの栽培に適している。

16　日本の自然環境《かんきょう》②

❶ (1)　①温帯《おんたい》　②冷帯《れいたい》(亜寒帯《あかんたい》)

(2)　ウ　　(3)　冬

❷ (1)　①梅雨《つゆ》《ばいう》　②台風《たいふう》　③　地震《じしん》

(2)　ハザードマップ(防災《ぼうさい》マップ)

解き方

❶ (1)①　日本のほとんどの地域では、春夏秋冬の四季の変化が見られる。

(2)　Aの都市は、冬の降水量が多い日本海側の気候に属している。よって、**ウ**が正答。Cの都市は、比較的《ひかくてき》降水量が少ない瀬戸内の気候に属しているので**ア**のグラフ。Bの都市は残る**イ**のグラフである。

17　人口に見る日本の特色

❶ (1)　イ→ア→ウ　　(2)　少子高齢《こうれい》(化)

(3)　ウ　　(4)　ニュータウン

(5)　①過密《かみつ》　②過疎《かそ》

解き方

❶ (1)(2)　人口ピラミッドは、男女別・年齢層別の人口構成を表したグラフである。

アはつりがね型、**イ**は富士山《ふじさん》型、**ウ**はつぼ型の人口ピラミッド。日本は出生率と死亡率が低下する少子高齢化が進行している。

(3)　日本は、東京、大阪、名古屋の三大都市圏に人口が集中している。なかでも、東京の人口が多い。

(4)　増えすぎた人口を分散させるために、都市郊外にニュータウンの形成が進んだ。

スラムは都市部で貧困層が居住する過密化した地区のこと。再開発は土地を有効利用するために、もともとの建築物を取りはらって開発し直すこと。

やりがちミス!

❶ (5)　過疎と過密を区別しよう。

・過疎…人口減少が著しく、地域社会の機能が低下した状態。

・過密…ある一定の地域に人口が集中している状態。

18　日本の資源と工業

❶ (1)　X…石油(原油)

Y…オーストラリア

(2)　A…水力　B…火力　C…原子力

(3)　再生可能エネルギー

❷ (1)　阪神《はんしん》

(2)　太平洋ベルト

(3)　イ

解き方

❶ (1)　Xのグラフにある国は、西アジアのペルシャ湾の沿岸国である。

(2)　日本の発電量で多いのは火力発電である。原子力発電は2011年の東日本大震災でおきた事故の影響で、発電量が減少している。

❷ (2)　太平洋ベルトの工業地域は、燃料などの輸送に便利な立地であることから発達した。

(3)　**ア**の京葉工業地域と**ウ**の瀬戸内工業地域では、化学工業がさかん。**イ**の中京工業地帯は愛知県を中心に発達しており、機械工業のなかでも、特に自動車工業がさかんである。

19　日本の農林水産業と商業

❶ (1)　ア　　(2)　C

(3)　ウ　　(4)　第三次産業

解き方

❶ (1)　日本の第一次産業従事者は減少しており、後継者不足や高齢化が問題となっている。

(2)　輸送技術の進歩やグローバル化などの影響で、日本の食料自給率は低い。

(3)　東京・愛知・大阪などの大都市では、第三次産業が特にさかん。

20　世界と日本の結びつき

❶ (1)　X…鉄道　Y…自動車

Z…航空機

(2)　A…イ　B…ア

(3)　イ

解き方

❶ (2)　半導体は、軽くて高価な工業製品である。一方、原油(石油)は、燃料として大量に使われるため、一度に多くの量が輸入される。

社会 解答

理科 解答編

1 加熱による分解

1 (1) 白くにごる。
(2) 二酸化炭素　(3) 赤色(桃《もも》色)
(4) 水
(5) ① 固体X　② 固体X
③ 炭酸ナトリウム
(6) 化学変化(化学反応)
(7) 分解

解き方

1 炭酸水素ナトリウムを加熱すると、炭酸ナトリウム、水、二酸化炭素の３つの物質に分解する。

$2NaHCO_3 \longrightarrow Na_2CO_3 + H_2O + CO_2$

(1)(2) 二酸化炭素には、石灰水を白くにごらせる性質がある。

(3)(4) 青色の塩化コバルト紙には、水にふれると赤色(桃色)に変化する性質がある。

(5) 加熱前の物質(炭酸水素ナトリウム)と加熱後の物質(炭酸ナトリウム)の性質は、次のようにちがう。

炭酸水素ナトリウム	炭酸ナトリウム
水に少しとける。	水によくとける。
水溶液は 弱いアルカリ性	水溶液は 強いアルカリ性

2 電流による分解

1 (1) 例 純粋な水は電流を流さないから。
(2) [陰極《いんきょく》：陽極＝] 2：1
(3) 例 気体が音を立てて燃える。
(4) 水素
(5) 例 線香が炎《ほのお》をあげて燃える。
(6) 酸素　(7) 電気分解

解き方

1 水に電流を流すと、水素、酸素の２つの物質に分解する。

$2H_2O \longrightarrow 2H_2 + O_2$

(2) 陰極側では、陽極側の酸素の２倍の体積の水素が発生する。

(3)(4) 水素には、燃えて水になる性質がある。

(5)(6) 酸素には、ほかの物質を燃やす性質がある。

3 原子と元素

1 (1) 原子　(2) イ、ウ
(3) 元素　(4) 元素記号
(5) (元素の)周期表

2 (1) H　(2) O　(3) Na
(4) Cl

解き方

1 (2)**ア・イ** 原子は、その種類によって大きさや質量が決まっている。

ウ・エ 原子は、化学変化によって分割《ぶんかつ》されたり、ほかの種類に変わったり、なくなったり、新しくできたりしない。

やりがちミス！ 原子と元素をまちがえないようにしよう。
・原子…物質をつくる小さな粒子。
・元素…原子の種類。

2 元素記号は、アルファベット１文字または２文字で表す。１文字目は大文字、２文字目は小文字で表すと決められている。

4 分子と化学式

1 (1) 分子　(2) 化学式
(3) 水素…H_2　酸素…O_2
水…H_2O

2 (1) ① Mg
② NaCl
(2) ① 鉄
② 炭酸水素ナトリウム

解き方

1 (3) 分子をつくる物質の化学式は、１個の分子にふくまれる原子の種類とその数で表す。原子の数は、元素記号の右下に小さく書き、１個の場合は１を省略する。たとえば、水分子は水素原子２個と酸素原子１個からできているので、化学式はH_2Oとなる。

2 (1)① マグネシウムはマグネシウム原子がたくさん集まってできているので、マグネシウム原子１個を代表させてMgと表す。

② 塩化ナトリウムはナトリウム原子と塩素原子が1：1の割合でたくさん集まってできているので、ナトリウム原子１個と塩素原子１個の組を代表させてNaClと表す。

ここも大事！
おもな物質の化学式は、しっかりと覚えておこう！

5 物質の分類

1 (1) A…純粋《じゅんすい》な物質（純物質《じゅんぶっしつ》）
B…混合物
C…単体
D…化合物
(2) ① b ② c ③ a
④ a ⑤ b

解き方

1 (1) 物質は、塩化ナトリウムや酸素のように１種類の物質からできている純粋な物質（A）と、塩酸（塩化水素の水溶液）のように２種類以上の物質が混ざり合っている混合物（B）に分けられる。
純粋な物質は、酸素のように１種類の元素からなる単体（C）と、塩化ナトリウムのように２種類以上の元素からなる化合物（D）に分けられる。
(2)① 塩化ナトリウム（NaCl）は、２種類の元素からなる化合物である。
② 塩酸は、塩化水素（HCl）と水（H_2O）の混合物である。
③ 酸素（O_2）は、１種類の元素からなる単体である。
④ 銅（Cu）は、１種類の元素からなる単体である。
⑤ 二酸化炭素（CO_2）は、２種類の元素からなる化合物である。

6 硫黄《いおう》と結びつく変化

1 (1) イ
(2) A…ア B…イ
(3) 硫化鉄《りゅうかてつ》
(4) $Fe + S \longrightarrow FeS$

解き方

1 鉄と硫黄の混合物を加熱すると、黒色の硫化鉄ができる。硫化鉄は、鉄とも硫黄とも異なる性質をもつ。
(1) 硫化鉄は鉄とは別の物質なので、磁石に引きつけられない。
(2) 鉄にうすい塩酸を加えると、においがない水素が発生する。硫化鉄にうすい塩酸を加えると、卵がくさったようなにおいの硫化水素が発生する。

7 酸素と結びつく変化

1 (1) ア (2) ア
(3) スチールウール…ア
黒い物質…イ
(4) 酸化鉄 (5) 酸素
(6) 酸化 (7) 酸化物
(8) 燃焼

解き方

1 (1)(4)(5) スチールウール（鉄）は、集気びんの中で酸素と結びつき、酸化鉄になる。集気びんの中には、使われた酸素の分だけ水が入ってくるので、水面は高くなる。
(2) 鉄が酸化鉄になると、結びついた酸素の分だけ質量が増える。
(3) 鉄はうすい塩酸と反応して、水素を発生しながらとける。酸化鉄は、うすい塩酸とは反応しない。

8 酸素をうばいとる変化

1 (1) 例 石灰水が逆流し、試験管Aが破損するのを防ぐため。
(2) 二酸化炭素
(3) 銅
(4) $2CuO + C \longrightarrow 2Cu + CO_2$
(5) 酸化銅…還元《かんげん》 炭素…酸化

解き方

1 (1) 加熱をやめると、試験管Aの中の気体の体積が小さくなる。このとき、ガラス管が石灰水に入ったままだと、石灰水が吸いこまれてしまい、試験管Aが急に冷やされて破損することがある。
(3) 強くこすると光沢が出たことから、残った固体は金属であると考えられる。赤色の金属は、銅である。
(4) 化学反応式では、矢印の左右で原子の種類と数が等しくなるようにする。
(5) 酸化銅は酸素をうばわれて銅になり、炭素は酸素と結びついて二酸化炭素になっている。

ここも大事！
酸素と結びついた（酸化された）物質があるということは、酸素をうばわれた（還元された）物質もあることになる。つまり、１つの化学変化で、酸化と還元は同時に起こる。

9 化学変化と質量の変化

1 (1) 二酸化炭素

(2) ウ

(3) 質量保存の法則

(4) 例 小さくなる。

(5) 例 発生した二酸化炭素(気体)が、空気中に逃《に》げていくから。

解き方

1 (1) 炭酸水素ナトリウムとうすい塩酸が反応すると、二酸化炭素が発生する。

$NaHCO_3 + HCl \longrightarrow NaCl + H_2O + CO_2$

(2)(3) 化学変化では、反応の前後で物質全体の原子の種類や数は変化しない。したがって、反応の前後で物質全体の質量は変化しない。これを、質量保存の法則という。

(4)(5) ふたをゆるめると、発生した二酸化炭素の一部が空気中に逃げていく。その分、質量は小さくなる。

10 化学変化における質量の割合

1 (1) 酸化銅

(2) $2Cu + O_2 \longrightarrow 2CuO$

(3) 右図

(4) [銅：酸素＝]

4：1

(5) 2.5g

(6) 6.25g

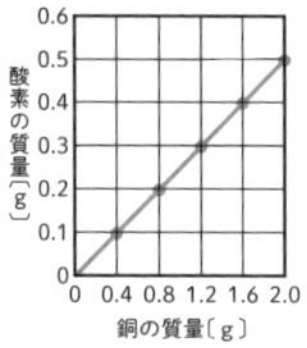

解き方

1 (3) 銅を酸化すると、結びついた酸素の分だけ質量が大きくなる。したがって、結びついた酸素の質量は、「加熱後の質量－加熱前の質量」で求められる。

銅の質量〔g〕	0.40	0.80	1.20	1.60	2.00
結びついた酸素の質量〔g〕	0.10	0.20	0.30	0.40	0.50

(4) 0.40g：0.10g＝4：1

(5) 結びつく酸素の質量を x とすると、

10.0g：x＝4：1　　x＝2.5g

(6) 問題中の表より、

銅の質量：酸化銅の質量＝0.40g：0.50g

＝4：5

できる酸化銅の質量を y とすると、

5.0g：y＝4：5　　y＝6.25g

11 化学変化と熱

1 (1) 熱が発生したから。

(2) 発熱反応

(3) ア、ウ

2 (1) 熱を吸収したから。

(2) 吸熱反応

(3) 例 発生するアンモニアを吸収させ、においを減らすため。

解き方

1 (1)(2) 熱を発生し、まわりの温度が上がる化学変化を発熱反応という。

(3)**ア** 酸化カルシウムと水の反応は、加熱式弁当などに利用されている。

ウ メタンは都市ガスの主成分である。わたしたちはメタンやプロパンなどのガスを燃焼させ、そのときに発生する熱を日常生活に利用している。

2 (1)(2) 熱を吸収し、まわりの温度が下がる化学変化を吸熱反応という。

(3) この反応では、刺激臭《しげきしゅう》があり、有毒なアンモニアが発生する。アンモニアは水に非常にとけやすいので、水でぬらしたろ紙でふたをして、吸収させる。

12 細胞《さいぼう》の観察

1 (1) 例 空気の泡《あわ》(気泡《きほう》)が入らないようにするため。

(2) A…レボルバー　B…しぼり

C…反射鏡　D…調節ねじ

(3) 視野の広さ…せまくなる。

視野の明るさ…暗くなる。

(4) 細胞

解き方

1 (1) プレパラート内に気泡が入ると、観察しにくくなる。

(3) 高倍率にするほど、せまい部分を拡大するので、視野はせまくなる。また、入ってくる光の量が減るので、視野は暗くなる。

13 細胞《さいぼう》のつくり

1 (1) イ　(2) 核《かく》　(3) 葉緑体
(4) 細胞壁《さいぼうへき》　(5) Y
(6) ① 細胞質　② 細胞膜《さいぼうまく》

解き方

1 (1) 染色液には、酢酸オルセイン溶液や酢酸カーミン溶液などがある。
(2) ふつうは細胞に1個見られる、染色液に染まりやすい丸い粒を核という。
(3) 植物の細胞に見られる緑色の粒を葉緑体という。植物の体の色が緑色に見えるのは、細胞中に葉緑体があるからである。
(4)(5) 植物の細胞には、いちばん外側に細胞壁とよばれるじょうぶな仕切りがあり、植物の体を支えるのに役立っている。
(6) 核のまわりにある部分を細胞質という。なお、細胞壁は、細胞質にはふくまれない。

ここも大事!
植物の細胞に特徴的《とくちょうてき》なつくり
細胞壁や葉緑体、発達した液胞《えきほう》は、植物の細胞に特徴的《とくちょうてき》なつくりである。

14 細胞《さいぼう》と生物の体

1 (1) 多細胞生物　(2) 組織
(3) 器官　(4) 単細胞生物
2 (1) 細胞呼吸(細胞の呼吸、内呼吸)
(2) A…酸素　B…二酸化炭素

解き方

1 (2) たとえば、植物の葉には、表皮組織や葉肉《ようにく》組《そ》織《しき》などがあり、ヒトの胃には、筋組織や上皮《じょうひ》組《そ》織《しき》などがある。
(4) 「単」は1という意味である。単細胞生物には、ゾウリムシやアメーバなどがいる。

ここも大事!
単細胞生物
単細胞生物は、運動、栄養分のとり入れ、不要物の排出《はいしゅつ》、生殖《せいしょく》(なかまをふやすこと)などのはたらきすべてを、1個の細胞で行っている。

2 細胞では、酸素を使って、栄養分から生きていくためのエネルギーをとり出している。これを細胞呼吸という。このとき、二酸化炭素と水が出される。

15 光合成が行われる場所

1 (1) 葉緑体　(2) デンプン
(3) 光合成　(4) 葉緑体
(5) 日光(光)

解き方

1 (1) 植物の細胞《さいぼう》に見られる緑色の粒を葉緑体という。植物が緑色なのは、葉緑体があるからである。
(2) デンプンにヨウ素液をかけると、青紫色になる。
(3) 植物は、光のエネルギーを使って、二酸化炭素と水から、デンプンと酸素をつくる。このはたらきを光合成という。
(4) 葉緑体にデンプンができていることから、デンプンは葉緑体でつくられたといえる。
(5) 日光に当たったオオカナダモAの葉にはデンプンができているが、日光に当たっていないオオカナダモBの葉にはデンプンができていないことから、光合成には日光が必要であるといえる。

16 光合成に必要な物質

1 (1) 対照実験　(2) 二酸化炭素
(3) A…ア　B…イ
(4) 二酸化炭素　(5) 酸素

解き方

1 (1) 調べたい1つの条件だけを変え、ほかの条件をすべて同じにして行う実験を対照実験という。この実験では、オオカナダモの有無だけを変えている。
(2) はく息には、空気と比べて二酸化炭素が多くふくまれている。二酸化炭素は水にとけると酸性を示すので、BTB溶液が黄色になる。
(3)(4) Aはオオカナダモが入っていないので、BTB溶液の色は変化しない。Bはオオカナダモが光合成を行い、二酸化炭素を吸収するので、液中の二酸化炭素が減り、液がアルカリ性に戻るため、青色になる。
(5) 光合成は、植物が光のエネルギーを使って、二酸化炭素と水から、デンプンをつくるはたらきである。このとき、酸素も出される。

17 植物と呼吸

1 (1) A…例 白くにごった。
B…例 変化しなかった。
(2) 二酸化炭素 (3) 呼吸

2 A…光合成 B…呼吸
X…二酸化炭素 Y…酸素

解き方

1 (1)(3) 光が当たっていないとき、植物は酸素をとり入れて二酸化炭素を出す。このはたらきを呼吸という。
(2) 石灰水には、二酸化炭素にふれると白くにごる性質がある。

2 光合成は光が当たっているときだけ行われるが、呼吸は1日中行われる。したがって、Aは光合成、Bは呼吸である。
光合成では、二酸化炭素をとり入れて酸素を出す。また、呼吸では、酸素をとり入れて二酸化炭素を出す。したがって、Xは二酸化炭素、Yは酸素である。

やりがちミス！

光が当たっているとき、植物は光合成と呼吸の両方を行っているが、気体の出入りの量は、光合成のほうが多い。そのため、全体としては、二酸化炭素をとり入れ、酸素を出していることになる。

18 葉のつくり

1 (1) 葉緑体 (2) 気孔《きこう》
(3) 二酸化炭素、酸素(順不同)
(4) ① 道管 ② 師管
③ Y ④ 維管束《いかんそく》

解き方

1 (2) 葉の表皮には、細長い2つの細胞《さいぼう》にはさまれた穴が多く見られる。この細長い細胞を孔辺細《こうへんさい》胞《ぼう》といい、孔辺細胞にはさまれた穴を気孔という。気孔は、葉の裏側に多くある。
(3) 植物は、気孔を通して、二酸化炭素や酸素をとり入れたり、出したりしている。気孔は、水蒸気の出口としてもはたらく。
(4) 植物には、根から吸い上げた水や養分、葉でつくられた栄養分などを運ぶ管があり、束になっている。この束を維管束という。葉では、水や養分を運ぶ道管は表側に近いほう、栄養分などを運ぶ師管は裏側に近いほうにある。

19 植物と水

1 (1) 気孔《きこう》
(2) 例 水面から水が蒸発するのを防ぐため。
(3) 蒸散
(4) D→A→B→C
(5) 裏側

解き方

1 Aは葉の裏側と茎《くき》、Bは葉の表側と茎、Cは茎、Dは葉の表側・裏側と茎から水が出ていく。
(1) 気孔は、植物体内から水が水蒸気となって出ていくときの出口としてはたらく。
(2) 植物から出ていく水の量を調べる実験なので、植物以外から水が出ていかないようにする必要がある。
(3) 植物が体内の水を水蒸気として体外に出すはたらきを、蒸散という。
(4)(5) 蒸散は、おもに葉で行われる。一般的《いっぱんてき》な植物では、気孔は葉の裏側に多くあるので、葉の裏側からの蒸散量が多い。

20 植物の水の通り道

1 (1) A…道管 B…師管
(2) A (3) 維管束《いかんそく》
(4) ホウセンカ (5) 根毛
(6) 表面積

解き方

1 (1)〜(3) 植物には、根から吸い上げた水や養分、葉でつくられた栄養分などを運ぶ管があり、束になっている。この束を維管束という。茎では、水や養分を運ぶ道管は内側に近いほう、栄養分などを運ぶ師管は外側に近いほうにある。
(4) 茎の維管束は、トウモロコシなどの単子葉類では散らばっているが、ホウセンカなどの双子《そうし》葉類《ようるい》では輪のように並んでいる。
(5)(6) 根の先端に多く生えている小さな毛のようなものを、根毛という。根毛があることにより、根の表面積が大きくなるため、水や養分を効率よく吸収できる。

英語 解答編

1 過去・過去進行形

1. (1) cooked (2) liked (3) studied
   (4) stopped (5) knew (6) got
   (7) came (8) read
2. (1) Kenji ate breakfast
   (2) were playing
3. (1) went fishing with
   (2) was not watching TV
   (3) were you doing at that

解き方

1. (1)〜(4)は規則動詞、(5)〜(8)は不規則動詞。
   (8) readの過去形は、形は原形とかわらないが、発音は[ríːd]から[réd]へとかわる。
2. (1)「ケンジは今朝朝食を食べました。」
   eatの過去形はate。
   (2)「私たちはバスケットボールをしていました。」
   過去進行形は〈was[were]＋動詞の-ing形〉で表す。
3. (1) wentはgoの過去形。「魚つりへ行く」はgo fishing。
   (2) 過去進行形の否定文は、〈was[were] not＋動詞の-ing形〉の語順。
   (3) 疑問詞で始まる過去進行形の疑問文は、〈疑問詞＋was[were]＋主語＋動詞の-ing形〜？〉の語順となる。

2 There is[are] 〜の文

1. (1) There is (2) There are
2. (1) There were some shops
   (2) are a lot of restaurants
3. (1) There is a cat
   (2) There were not any children
   (3) Are there any lions in

解き方

1. There is[are] 〜の文の主語は、be動詞のあとに続く名詞。be動詞は、この主語が単数か複数か、と時制（現在・過去・未来）によって決まる。
2. (1)「10年前にその村にはいくつかの店がありました。」
   過去の文になるので、be動詞を過去形にする。
   (2)「そのショッピングモールにはたくさんのレストランがあります。」
   主語がrestaurantsと複数になるので、be動詞はareとなる。
3. (2) 否定文はbe動詞のあとにnotを置く。
   (3) 疑問文は、be動詞をthereの前に出す。この疑問文には Yes, there is[are]. / No, there is[are] not. で答える。

ここも大事!

Thereの意味に注意！

There is[are] 〜. の文頭のThereには、「そこに」という意味はないよ！ 「そこに〜があります」というときは、文末にthereを置く必要があるよ！

例 There was a dog there.
「そこに犬が1匹いました。」

3 be going to 〜

1. (1) am going (2) going to
2. (1) are going to do
   (2) is going to go
3. (1) going to play the guitar
   (2) She is going to leave home
   (3) is going to use the computer

解き方

1. 「〜するつもりだ」はbe going to 〜で表す。be動詞は、主語によって決まる。
2. (1)「彼《かれ》らはすぐにその仕事をするつもりです。」
   (2)「ジュディは映画に行くつもりです。」
   goesはgoの3人称《にんしょう》単数現在形。
3. be going toを使った肯定《こうてい》文は、〈主語＋be動詞＋going to＋動詞の原形〜〉の語順。
   (2)「家を出る」はleave homeで表す。

ここも大事!

過去のある時点において、それよりも先の予定を表すときは、be動詞を過去形にするよ！

例 I was going to cook dinner last night.
「私は昨夜、夕食を調理する予定でした。」

4 be going to ～の否定文・疑問文

❶ (1) not (2) Are、going

❷ (1) is not[isn't] going to go

(2) Are they going to arrive

(3) What is Mike going to eat

❸ (1) I'm not going to call

(2) are you going to take

解き方

❶ be going toを使った否定文は、〈主語＋be動詞＋not going to＋動詞の原形～〉の語順となる。疑問文は、〈be動詞＋主語＋going to＋動詞の原形～?〉。

❷ (1)「彼《かれ》は彼女と買い物に行くつもりはありません。」
be going toを使った否定文。beのあとにnotを置く。

(2)「彼らは7時にここに到着《とうちゃく》する予定ですか。」
be going toを使った疑問文。be動詞を主語の前に出す。

(3)「マイクは昼食に何を食べる予定ですか。」
eatの目的語をたずねる文になるので、Whatで文を始める。

ここも大事！

近い未来の予定を言うとき、現在進行形で未来を表すこともあるよ！

例 I am going to the museum alone.
「私は一人で博物館へ行く予定です。」

5 will

❶ (1) will walk (2) will win

❷ (1) will give a present

(2) will have a good time

(3) They will meet Andy

❸ (1) It will rain this

(2) and Ken will finish the work

解き方

❶ 空所の数から、「～するつもりだ」にはwillを使う。
(2)「～に勝つ」はwinで表す。

❷ (1)「私たちは彼女にプレゼントをあげるつもりです。」
動詞の前にwillを置く。

(2)「彼女はパーティーでよい時間を過ごすでしょう。」
主語が3人称《にんしょう》単数であっても、willの形はかわらない。また、willのあとの動詞は常に原形。

(3)「彼らは駅でアンディに会うつもりです。」

❸ (1) 天候を表す文の主語はit。

(2) 与《あた》えられた日本語から動詞はfinishで、選択肢《せんたくし》のworkは名詞だとわかる。

ここも大事！

be going toとwillのちがい

・be going to…すでに決まっている未来や予定について言うとき

・will…確かではない未来について言ったり、先のことを予測したりするとき

例 He is going to practice baseball today.
「彼は今日、野球を練習するつもりです。」
→ 前もって決まった予定
He will practice baseball today.
「彼は今日、野球を練習するでしょう。」
→ 単純に予測している

6 willの否定文・疑問文

❶ (1) will not

(2) Will、wash / will not

❷ (1) I will not[won't] read

(2) Will it be

(3) will not[won't] sing

❸ (1) I won't swim in

(2) Where will you practice

解き方

❶ (1)「～しないでしょう」と未来の行動を否定する文は、willを使った否定文で表す。willのあとにnotを置く。

(2)「～でしょうか」と未来の行動をたずねる文は、willの疑問文で表す。willを主語の前に出す。この疑問文には、Yes, ～ will. / No, ～ will not[won't]. で答える。

❷ (1)「私は今日、本を読まないでしょう。」
willの否定文。will notは、短縮形won'tで表すこともできる。

(2)「明日はくもりでしょうか。」 willの疑問文。

(3)「トムはその歌を歌わないでしょう。」
be going toの否定文なので、will not[won't]で言いかえる。

❸ (1) won'tはwill notの短縮形。主語と動詞の間に置く。

(2) 疑問詞を使った未来の疑問文は、〈疑問詞＋will＋主語＋動詞の原形～?〉の語順となる。

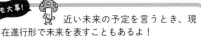

7 接続詞①（when / if / because）

1 (1) When (2) if (3) because

2 (1) ひまなとき (2) もし暑ければ

(3) 上手にできないので

3 (1) because it is too difficult

(2) if you want to improve

解き方

1 (1)(2)「～するとき」と時を表す接続詞はwhen、「もし～ならば」と条件を表す接続詞はifでそれぞれ表す。〈when[if]＋主語＋動詞～〉のまとまりは、中心となる文の前にも後ろにも、どちらにも置くことができる。

(3)「(なぜなら) ～だから、～なので」と理由を表す接続詞はbecause。〈because＋主語＋動詞～〉のまとまりは、中心となる文の前に置かれることはめったにない。通常は後ろに置かれる。

3 (1) 接続詞becauseのあとは〈主語＋動詞〉が続く。「～すぎる」は〈too＋形容詞〉で表す。

(2) ifのまとまりが、中心となる文（ここでは命令文）のあとに続く形。「～したい」はwant to ～、「～を改善する」はimprove。

やりがちミス! whenやifの中が未来のことを言うときは、現在形で表す！

例 Let's go hiking if it is sunny tomorrow.
「もし明日が晴れなら、ハイキングに行きましょう。」

×if it will be sunny tomorrow とはしない。

8 接続詞②（that）

1 (1) think that (2) thought that

2 (1) 彼はそのチームのファンだと

(2) 彼はすぐに現れると

(3) 彼女も野球が好きで

3 (1) I didn't think the man was

(2) He said he was interested

解き方

1 〈that＋主語＋動詞～〉のまとまりで、「～ということ」という意味を表す。このthatは接続詞で、一部の場合を除いて、省略することができる。

(2) 過去の文なので、「思った」にはthinkの過去形thoughtを使う。

2 (1) 〈be sure (that)＋主語＋動詞～〉で、「―が～であると確信する」という意味の文になる。

(3) 〈be glad (that)＋主語＋動詞～〉で、「―が～でうれしい。」という意味の文になる。

3 (1) that内を否定する場合、that内を否定文にしないで、thatの前にある文の中心となる動詞を否定形にすることが多い。

(2)「―が～であると言う」は、〈say(＋that)＋主語＋動詞～〉で表す。「～に興味がある」はbe interested in ～。

9 不定詞の名詞的用法

1 (1) to (2) become (3) To learn

2 (1) サッカーをしたがっています

(2) 海外留学する[海外で学ぶ]ことです

(3) 踊《おど》ること

3 (1) started to cook lunch

(2) To speak English is difficult

解き方

1 不定詞〈to＋動詞の原形〉には、名詞的用法、副詞的用法、形容詞的用法の3つの用法がある。名詞的用法の不定詞は「～すること」という意味を表し、(1)動詞の目的語、(2)補語、(3)文の主語になることができる。

2 (1) 〈want to＋動詞の原形〉「～したい」は、決まった表現として暗記すること。

(2) study abroad「海外留学する」

(3) 不定詞To danceが文の主語。

3 (1)「～し始める」は〈start[begin] to＋動詞の原形〉で表す。

(2) 与《あた》えられた日本文から、「英語を話すこと」が文の主語になることがわかる。

ここも大事!

長い名詞的用法の不定詞が主語になるとき、It is ... to ～で表すことが多い！（⑭を参照）

例 To play video games is boring for me.
＝ It is boring for me to play video games.
「テレビゲームをすることは、私には退屈《たいくつ》なことです。」

10　不定詞の副詞的用法

1 (1) to get　(2) to hear

2 (1) 宿題をするために　(2) 会えて
(3) 本を借りるためです

3 (1) the park to practice tennis
(2) was surprised to see him

解き方

❶ 副詞的用法の不定詞は、(1)「～するために、～しに」と目的を表したり、(2)感情を表す形容詞のあとに続けて、「～して…」とその感情の原因や理由を表したりすることができる。

❷ 不定詞以下が、(1) went to the libraryの目的を、(2) gladという感情の原因を、それぞれ表す。
(3) 副詞的用法の不定詞は、Why ～? の疑問文の答えとして用いられることもある。

❸ (2)「～して驚く」は〈be surprised to＋動詞の原形〉。

11　不定詞の形容詞的用法

1 (1) エ　(2) ア

2 (1)(a) 宿題をするために
(b) やるべき宿題がたくさん
(2)(a) 冷たいものが飲みたいです
(b) 冷たい飲み物がほしいです

3 have anything to write with

解き方

❶ 不定詞は、名詞や代名詞のあとに続けて、その語に「～するための、～すべき」と説明を加えることができる。この用法を、不定詞の形容詞的用法という。
(1)「読むべき本」なので、the booksのあとに続ける。
(2)〈something[anything] to＋動詞の原形〉で「何か～するもの」という意味になる。

❷ (1)(a) to以下がwent to the libraryの目的を表す（副詞的用法）。
(b) to以下がhomeworkに後ろから説明を加えている（形容詞的用法）。
(2)(a) to以下がwantの目的語になっている（名詞的用法）。
(b)〈something[anything / nothing]＋形容詞＋to＋動詞の原形〉で「何か…な～すべきもの」という意味を表す（形容詞的用法）。この形は、形容詞も不定詞も、後ろから前の代名詞something[anything / nothing]に説明を加えている。

❸ 不定詞に前置詞がつく場合、その前置詞は動詞の原形のあとに残り、〈(代)名詞＋to＋動詞の原形＋前置詞〉という語順になる。

ここも大事!

前置詞によって、何を指しているのか異なってくる！

write with ～「～で[を使って]書く」
＝鉛筆《えんぴつ》やペンなどのこと。
write on ～「～(の上)に書く」
＝紙やメモ用紙などのこと。

12　動名詞

1 (1) snowing　(2) Walking

2 (a) 朝食を食べること
(b) 朝食を食べています

3 (1) job is teaching English
(2) your teeth before going
(3) is good at drawing

解き方

❶「～すること」という意味を表す動名詞は、不定詞の名詞的用法と同じく、動詞の目的語や補語や文の主語になることができる。(1)動詞beganの目的語の用法。(2)文の主語としての用法。
(1)「約30分前に雪が降り始めました。」
(2)「歩くことは私たちの健康にとってよいです。」

❷ (a) 文の主語なので、動名詞句だとわかる。
(b) 文の内容から、この-ing形は現在進行形の一部だとわかる。

❸ (2)(3) 動名詞句は前置詞の目的語にもなれる。不定詞は、動詞の目的語になることができるが、前置詞の目的語になることはできない。
(3)「～が得意だ」はbe good at ～で表す。

やりがちミス！

動名詞や不定詞のまとまりは3人称《にんしょう》単数の扱《あつか》いになるよ。

例 Talking with my friends is fun.
「友達と話すことは楽しいです。」

※～～全体が主語。動詞の直前にfriendsがあるので、それにつられてareとしないように注意！

英語解答

13 不定詞と動名詞

1 (1) singing　(2) to get　(3) to pick
(4) to go　(5) reading

2 (1)(a) 参加するのを
(b) 参加したことを
(2)(a) 買うのを　(b) 買ったことを

解き方

1 (1)(5) enjoyやfinishは、その目的語に不定詞を取ることができない。
(2)(4) decideやplanは、その目的語に動名詞を取ることができない。
(3) stopは、その目的語に不定詞を取ることができない。したがってこの文のto以下は、stopped「立ち止まった」ことの理由を表す副詞的用法の不定詞だとわかる。ちなみに、「～することをやめる」は〈stop＋動名詞〉で表す。

2 forgetもrememberも、その目的語に不定詞を取るか動名詞を取るかで意味が変わる動詞。

やりがちミス！　意味を取りちがえないように注意しよう！

・forget
〈forget＋不定詞〉「～することを忘れる」
〈forget＋動名詞〉「～したことを忘れる」

・remember
〈remember＋不定詞〉「忘れずに～する」
〈remember＋動名詞〉
「～したことを覚えている」

14 疑問詞＋to ～ / It is ... to ～

1 (1) to do　(2) to play

2 (1) どこでバスケットボールをするべきか
(2) いつあなたを訪ねるべきか
(3) 私にとって映画を見ることは

3 (1) didn't know how to use
(2) exciting for him to dance

解き方

1 (1)〈疑問詞＋to＋動詞の原形〉で「何を[いつ、どこへ、どのようにして] ～すべき」という意味を表し、動詞の目的語になる。
(2) 形式主語itを用いて〈it is ... to＋動詞の原形～〉とすると、「～することは…だ」という意味を表すことができる。toの前に〈for[of]＋人〉を置いて、「―が～することは…だ」と不定詞句の主語を表すこともある。

2 (1)(2) それぞれの疑問詞の意味から考えるとよい。where to ～「どこで～すべき」、when to ～「いつ～すべき」
(3) 主語の位置にあるItは仮の主語で、本当の主語はto以下。

3 (1)「～のしかた」はhow to ～で表す。
(2)「彼にとって」のfor himを不定詞のtoの前に置く。

ここも大事！　〈疑問詞＋to＋動詞の原形〉は、決まった表現として暗記しよう！

・what to ～「何を～すべきか」
・when to ～「いつ～すべきか」
・where to ～「どこへ[で]～すべきか」
・how to ～「どのように～すべきか、～のしかた」

15 may

1 (1) may[can]　(2) may

2 (1) していいです
(2) 開けてはいけません
(3) かもしれません

3 (1) She may be sad
(2) may not come to school

解き方

1 助動詞のmayには、(1)「許可」の意味と、(2)「推量」の意味がある。

3 (2) 助動詞を使った文の否定文は、助動詞のあとにnotを続ける。

ここも大事！　May[Can] I ～? には、次のように答えるよ！

・許可するとき…
Sure. / OK. / Yes, you may[can]. など
・許可しないとき…
Sorry, but you may not[can't].

16 must / have [has] to ～

1 (1) してはいけません
(2) 帰宅しなければなりません
(3) する必要はありません

2 (1) That woman must be
(2) don't have to apologize

3 (a)

解き方

1 (1) 助動詞mustは「～しなければならない」と「義務」を表す。また、「～にちがいない」と「推量」の意味もある。
(2)(3) have[has] to ～はmustと同じく「義務」の意味をもつ。「推量」の意味はない。否定形はdo[does] not have to ～で、「～する必要はない」という意味になる。

2 (1) 助動詞を使った肯定《こうてい》文は、動詞の前に助動詞を置く。
(2)「～する必要はない」はdo[does] not have to ～で表す。

3 mustが「義務」の意味のときはhave[has] to ～に言いかえられる。
(a)「学生は熱心に勉強しなければなりません。」
(b)「明日は晴れにちがいありません。」
(c)「この消しゴムはケンのものにちがいありません。」

ここも大事!
「～しなければなりませんでした」と「過去の義務」を表すときは、had to ～で表します。mustに過去形はないよ！

17 Will you ～? / Can you ～? / May I ～?

1 (1) Can you (2) Will you
(3) May I

2 (1) よろしいですか
(2) 手伝ってくれませんか
(3) 伝えてもらえますか

3 (1) Will you wash the
(2) May I play soccer

解き方

1 (1)「～してくれませんか」に「できるならやってほしい」というニュアンスが含《ふく》まれるときは、Can you ～? を用いる。
(2)「～してくれますか」に「してくれる意志はありますか」というニュアンスが含まれるときには、Will you ～? を用いる。
(3)「～してもよいですか」と相手に許可を求めるときは、May I ～? でたずねる。

ここも大事!
Will[Can] you ～? には、次のように答えるよ！
・Yesのとき…Sure. / OK. / I see. など
・Noのとき…Sorry, but I can't. など

18 SVOO / SVOC

1 (1) them English (2) him happy

2 (1) me candies (2) for (3) us sad

3 (1) classmates call him Mike
(2) showed me some pictures

解き方

1 (1) teachやmake(～を作る)などの動詞は、そのあとに2つの目的語を取ることができる。〈V(動詞)+O(人など)+O(ものなど)〉の形で「(人など)に(ものなど)を～する」という意味を表す。
(2) make(…を～にする)やcall(…を～と呼ぶ)などの動詞は、そのあとに目的語と補語を続けることができる。〈V(動詞)+O(人など)+C(状態など)〉の形で「(人など)を(状態など)にする」という意味を表す。

2 (1)「彼女は私にキャンディーをくれました。」
(2)「彼は彼女にケーキを作りました。」
SVOOからSVOへの言いかえ。「―に」にあたる部分は〈to ―〉か〈for ―〉を使って言いかえる。

やりがちミス！ 〈to+人〉以外に注意！
SVOOの文をSVOの文に書きかえるとき、以下のように〈to+人〉以外も使われます。
・〈for+人〉となる動詞…buy、make、cook など
・〈of+人〉となる動詞…askなど
例 He asked me a difficult question.
= He asked a difficult question of me.
「彼は私に難しい質問をしました。」

(3)「私たちは結果を知って悲しみました。」は「その結果は私たちを悲しませました。」と言いかえられる。「(人など)を(状態など)にする」は、makeを使ったSVOCの文で表すことができる。

英語解答

19 比較《ひかく》の文①

1 (1) older、oldest
(2) bigger、biggest
(3) easier、easiest
(4) larger、largest
(5) more interesting、most interesting
(6) better、best

解き方

1 (1) 語尾にer、estをつける。
(2) 〈短母音＋子音字〉で終わる語なので、子音字を重ねてer、estをつける。
(3) yをiにかえてer、estをつける。
(4) eで終わる語なので、r、stだけをつける。
(5) interestingはつづりが長い語なので、more、mostを前に置く。
(6) wellは不規則変化する語。

ここも大事！
不規則変化する語は、まとめると以下のようになるよ！

原級	比較級	最上級
good / well	better	best
much / many	more	most
little	less	least
bad	worse	worst

やりがちミス！
er - est型とmore - most型を混同しないように注意。
まず、more - most型の語を覚えておこう！

beautiful「美しい」
careful「注意深い」
difficult「難しい」
exciting「興奮させる」
famous「有名な」
interesting「おもしろい」
popular「人気のある」
useful「役に立つ」
wonderful「すばらしい」　　など

※famousは、あまり長く見えないからer - est型だと考えがちなので、注意が必要！

20 比較の文②

1 (1) younger than
(2) prettier than
(3) easiest、of
(4) most famous

2 (1) the most beautiful in
(2) better than

解き方

1 (1) 「若い」はyoungで、その比較級はyounger。「～よりも」はthanで表す。
(2) prettyを比較級にする。yをiにかえてerをつける。
(3) 「簡単な」はeasyで、これを最上級にする。「すべての中で」は前置詞ofを使ってof allとなる。

2 (1) beautifulはつづりの長い語に分類され、その最上級はmost beautifulとなる。
(2) wellは不規則変化する語で、その比較級はbetter。

やりがちミス！
最上級のtheを省略できるのは、副詞の最上級のときだけ！
形容詞の最上級の場合は省略できないよ！

例 I woke up earliest in my family.
副詞earlyの最上級
「私は家族の中でいちばん早くに起きました。」

× Jim is tallest boy in my class.
形容詞tallの最上級
↑ the tallestとする

○ Jim is the tallest boy in my class.
「ジムは私のクラスでいちばん背が高い男の子です。」

国語 解答編

1 おさえたい新出漢字①

1 (1) そうなん　(2) きり
(3) ていねい　(4) へんせん
(5) なまり

2 (1) 撮影　(2) 購入　(3) 日没

3 (1) 妨げる　(2) 控える
(3) 踊り

4 (1) (右から) 傾・掲
(2) (右から) 緩・鑑

2 おさえたい新出漢字②

1 (1) かた　(2) せいれん
(3) しんし　(4) かじょう
(5) かこん

2 (1) 漫画　(2) 趣味　(3) 排気

3 (1) 哀れむ　(2) 弔う
(3) 掲げる

4 (1) 壁・塔　(2) 欄・概

解き方

1 (3) 「真摯」は、「真面目、ひたむきに」の意味。

3 熟語の構成

1 (1) イ　(2) オ
(3) ア　(4) エ

2 (1) ア　(2) ウ

3 (1) 不　(2) 的　(3) 初
(4) 松　(5) 性　(6) 非

4 (1) 自在　(2) 悪戦
(3) 美辞　(4) 無欠

解き方

1 (3) 「価」も「値」も、「値打ち」の意味をもつ漢字。
(4) 「職に就く」で、上が動作、下が目的を表している。

2 (1) 「熱心」は「熱い心」で、上の漢字が下の漢字を修飾している。
(2) 「規則」は、どちらも「決まり、ルール」の意味をもつ漢字の熟語。「似た意味の字を重ねたもの」は「思考」のみ。

ここも大事！

「意味を打ち消す漢字」

漢字一字と二字熟語の組み合わせの三字熟語では、「不」「未」「非」「無」などの打ち消しの意味をもつ漢字がついたものが多くあるよ。

「不」…不参加　「未」…未経験
「非」…非日常　「無」…無回答

4 似た形や意味の漢字

1 (1) 復・複　(2) 検・険
(3) 積・績　(4) 識・織

2 (1) 創　(2) 経　(3) 法

3 (1) 測・計　(2) 暖・温

解き方

1 (1) 「腹」も音読みが同じで形が似た字なので、使い分けに気をつける。

2 (1) 「造」も「創」も「つくる」という意味。「造」は「船を造る。」、「創」は「文化を創る。」のように使う。使い分けに注意する。

やりがちミス！

3 (1) 「測る」と「計る」の使い分けに注意しよう！

測る…長さや面積
計る…時間や数

5 反対の意味の漢字

1 (1) 減　(2) 答　(3) 満
(4) 短　(5) 散　(6) 正

2 (1) 損益　(2) 君臣
(3) 明暗　(4) 功罪

3 (1) 弱・強　(2) 死・生　(3) 老・若
(4) 同・異　(5) 右・左

6 慣用句・ことわざ

1 (1) 鼻　(2) 首　(3) 舌

2 (1) イ　(2) ウ

3 (1) ア　(2) ウ　(3) イ

4 (1) エ　(2) ウ　(3) ア

解き方

3 (2)「弘法も筆の誤り」は、「その道に秀《ひい》でた人でも、失敗することはある」という意味。

やりがちミス!

2 (2)「井の中の蛙」は、「世間知らず」という意味だよ。
○　世間知らず。広い世の中を知らない
×　狭い場所

7 敬語

1 (1) イ　(2) ア
(3) ウ　(4) ア

2 (1) イ　(2) エ

3 ウ

解き方

2 (1)「お会いする」「お運びする」は謙譲語。
(2)「いらっしゃる」「召し上がる」は尊敬語。

3「お聞きしたい」が適切な敬語。

やりがちミス!

3「お聞きいたしたい」のように、敬語を重ねすぎるのは誤りなので注意しよう。

8 単語の活用　動詞①

1 (1) 急げ　(2) 走ら
(3) 受け

2 (1) ア　(2) エ　(3) イ

3 イ・ウ（順不同）

4 (1) 仮定形　(2) 連用形

解き方

1 (1)「急げ（ば）」は仮定形。
(2)「走ら（ない）」は未然形。
(3)「受け（ます）」は連用形。

3 アは連用形、エは仮定形。

9 単語の活用　動詞②

1 (1) イ　(2) ウ

2 (1) し　(2) くる　(3) せ

3 (1) 下一段活用・未然形
(2) 五段活用・仮定形
(3) カ行変格活用・連用形

解き方

1 (1)「落ちる」「起きる」は上一段活用、「笑う」は五段活用、「調べる」は下二段活用。
(2)「出る」「伝える」は下一段活用、「来る」はカ行変格活用、「散る」は五段活用。

2 (1)、(3)はサ行変格活用。(2)はカ行変格活用。カ行変格活用の動詞は「来る（くる）」のみ。

ここも大事!

「語幹と活用語尾《ごび》の区別がない動詞」

「来る」「する」「似る」など、語幹（活用しても変化しない部分）と活用語尾の区別がない動詞もあるよ。

10 単語の活用　形容詞

1 (1) 楽しい　(2) 暑い　(3) 大きい

2 (1) 激しかっ　(2) あまく
(3) 美しかろ　(4) 早けれ

3 (1) 連体形　(2) 未然形　(3) 連用形

4 (1) 重く　(2) 悲しけれ
(3) かわいかろ

解き方

1 形容詞は言いきりの形が「～い」となる自立語で、活用がある。
(1)「楽しかろ」は「楽しい」の未然形。
(2)「暑けれ」は「暑い」の仮定形。
(3)「大きく」は「大きい」の連用形。

国語 解答

❸ (1)　形容詞は終止形と連体形が同じ形になるが、あとに「夜道」という体言（名詞）が続いているため、連体形が正しい。

(3)　形容詞の連用形は、「ございます」がつくとウ音便になることに注意する。

❹ 後ろに続く言葉に注目して、活用させて入れる。

(1)　後ろに続いている「ない」は形容詞。「重く」は連用形である。

(3)　「う」があとに続く形は、未然形。

11 単語の活用　形容動詞

❶ (1) 爽やかだ　(2) 気楽だ
(3) 積極的だ

❷ (1) 豊かな　(2) 科学的に
(3) 確かだろ　(4) 同じなら

❸ (1) 連用形　(2) 連体形　(3) 未然形

❹ (1) 強固だろ　(2) 好きだっ
(3) 前向きに

解き方

❶　形容動詞は言いきりの形が「〜だ」「〜です」となる自立語で、活用がある。

(1)　形容動詞の「〜な」の形は、連体形。「涼しい」ではなく「風」（体言＝名詞）が続いている。

❷ (2)　「証明する」が用言であることに注意する。用言が続くので連用形になる。

❸　あとに続く言葉によって活用形を判別する。

(3)　「う」があとに続く形は、未然形。

❹ (2)　「た」があとに続く形は、連用形。他に「ない」「なる」「ございます」などが続くと覚える。

(3)　「捉える」は用言なので連用形になる。

ここも大事！

「形容動詞の活用」

形容動詞は、用言の中で唯一《ゆいいつ》、終止形と連体形の形が異なる品詞だよ。

清潔だ（終止形）⇔ 清潔な（連体形）

12 助詞、助動詞、自立語

❶ ②・④・⑤（順不同）

❷ (1) イ　(2) ア　(3) ア　(4) イ

❸ (1) イ　(2) イ　(3) ウ　(4) ア

解き方

❶　「自立語」とは、その単語だけで文節を作ることができる言葉のこと。付属語である助詞・助動詞以外はすべて自立語である。①助動詞、②形容詞（補助形容詞）、③助詞、④副詞、⑤形容詞、⑥助動詞。

❷　「助動詞」は活用がある付属語で、「助詞」は活用のない付属語。

(1)　「そうだ」は「様態」の助動詞。同じ形で「伝聞」の助動詞もあるので、注意が必要。

(4)　意志の助動詞「よう」。

❸ (2)　「断定」の意味を表す助動詞。アは形容動詞「きれいだ」の一部、ウは「完了《かんりょう》」の助動詞。

(3)　「ようだ」には「推定」と「たとえ」がある。ア・イは「推定」の助動詞である。

やりがちミス！

❶「『ない』の識別」。

「ない」は、形容詞・補助形容詞・助動詞の三種類があるよ。

②面白くない…面白い（形容詞）
　　　　　　＋ない（補助形容詞）
⑥知らない…知る（動詞）＋ない（助動詞）

迷ったら、「ない」を「ぬ」に置き換《か》えて考えよう。
「面白くぬ」×→補助形容詞（「ない」＝自立語）
「知らぬ」　○→助動詞（「ない」＝付属語）

13 詩

❶ (1)（例）手紙が来る
(2) 四〜六・九〜十二
(3) ウ
(4) 手紙・郵便屋さんの自転車

解き方

❶ (1)　設問文では、「気配を感じたりします」が「予感がするということ」に置き換えられていることに気づく。

(2)　擬人法とは比喩《ひゆ》の一種で、人でないものを人にたとえた表現である。

(3)　「愛の手紙」「よろこびの絵ハガキ」「ずっしり重い涙の手紙」とあるので、手紙を書いた人が

国語解答

正答。

(4) 手紙が「見つめている」とはどういうことかについて考える。

ここも大事!

詩のたとえ表現

詩には、たとえの表現が使われることが多い。次の三つを覚えておこう。

・直喩《ちょくゆ》…「〜のようだ」などの形でたとえる。
・隠喩《いんゆ》…「〜のようだ」を使わないでたとえる。
・擬人法《ぎじんほう》…人でないものを人にたとえる。

14 短歌

1 (1) 春　(2) 桜
(3) D　(4) 蜜柑の香
(5) E　(6) イ

解き方

1 (1) 「桜ばな」が季節を表す言葉なので、Aは春の短歌である。

(2) 「桜ばな」には「いのち」、「わが」(自身)には「生命」と書き分けている。

(3) 色彩に注目すると、「白く塗られぬ」とあるDが当てはまる。

(4) 筆者は、子どものそばを通ったときの「蜜柑の香」から、冬の訪《おとず》れを感じている。

(5) 体言止めの技法には、歌に余韻《よいん》を残す効果がある。

(6) 「君に待たるるここちして」は、「あなたが待っていてくれているような気がして」という意味。

15 小説①

1 (1) まゆちゃん
(2) イ
(3) 言葉で〜存在感
(4) 姿

解き方

1 (2) 全体を通して、ルイの絵がすばらしいものであること、そのすばらしさがうまく言葉では言い表せないことが書かれている。

(3) まゆちゃんの言葉を聞いた実弥子が、あとで自分の言葉で言い直していることを読み取る。

(4) ルイが描くことによって、まゆちゃんは自分が知らなかった自分自身の姿を知ることになる。それは、描き手であるルイの目を通したまゆちゃんの姿なのである。

16 小説②

1 (1) ウ
(2) (例) 生まれて初めてのこと。
(3) ア
(4) ぼこぼこと

解き方

1 (1) 大輝の言葉が、雪乃にどんな影響を与《あた》えたかを考える。「カチンときた。」以下の部分に注目する。

(2) 同じ文の中で、二人の感じ方の違いを表現している。

(3) 雪乃が失敗できない理由は、四段落目(「雪乃は、進み出た。……」)に書かれている。

(4) 「まるで生きものの皮膚のように」という直喩の表現が使われている。

ここも大事!

「主人公の心情に注目しよう」

この物語は、主人公(雪乃)の視点で展開していく。主人公視点の物語では、実際に起こった出来事だけではなく、主人公自身が感じたことや考えたことに注目しながら読もう。

17 評論①

1 (1) 氷山で〜面の下
(2) エ
(3) 著者
(4) イ

解き方

1 (1) 比喩(たとえ)の表現として、「氷山」が使われている。「氷山でいうと」に注目する。

(2) 「言語化しにくい」ことのほうが多いことを強調しているので「むしろ」が入る。一つずつ当てはめて読んで確かめる。

(4) 自分一人では言語化しにくかった知が、優れた著者の言葉によって言語化される、そのことを筆者は述べている。

ここも大事!

(3)　文章内での感情や考えが誰のものであるかに注意しよう。
直前の文の「優れた著者の言葉」から、著者への「共感」であることがわかる。

18　評論②

1　(1) 三年に〜かった
(2) ア
(3)① 小麦・毎年育てること
② 作物の中でも際立って収量が多い

解き方

1　(1)　一段落目には、三圃式農業の説明や、それを行う理由について書かれている。答えは、その一段落目の最後にある。

(2)　前後の文を比べると、あとの文は前の内容を言い換《か》えているので、「つまり」が適切。□に選択《せんたく》肢《し》を当てはめて読んで確かめる。

(3)　「あっぱれな植物なのである」のあとに「しかも」が続いていることから、①の「あっぱれ」な理由は——bよりも前にあることがわかる。②の「あっぱれ」は、三段落目に「さらに」とあるところから、そのあとに書かれていると考える。

19　古文①

1　(1) おもいたちて
(2) ウ

解き方

1　(1)　「ひ」を「い」に直す。仮名遣いの代表的な例として、文頭以外のハ行→ワ行に直す。
　その他にもワ行の「ゐ→い」、「ゑ→え」、「を→お」や、「ぢ→じ」、「づ→ず」などが代表的な例である。

(2)　法師は、石清水八幡宮が山の上にあることを知らなかったため、山の上を見ずに帰ってきてしまった。そのことから「少しのことにも、先達はあらまほしきことなり」と言っている。「先達」とは指導者、つまり教える人である。現代語訳で内容を確認しておく。

ここも大事!

「係り結び」
心情を強調するときなどに用いられる表現として、「係り結び」があるよ。
・尊くこそおはしけれ。
　→本来は、「尊くおはしけり。」となるところ、「尊い」が「こそ」によって強調されている。
・「山までは見ず。」とぞ言いける。
　→本来は、「『山までは見ず。』と言いけり。」となるところ、法師の言った言葉が「ぞ」によって強調されている。

20　古文②

1　(1) いうじょう
(2) 陸には源氏

解き方

1　(1)　「ふ」「ぢやう」を「う」「じょう」に直す。
　「ぢやう」の「やう」のように母音が「au」になる場合、「ô」の形に直す。「やう→よう」となるが、その前に「ぢ→じ」があるため「じょう」となる。

(2)　沖にいる平家と、陸にいる源氏の様子を対比、どちらも与一が扇の的を射たことに感動している様子を表している。本文中には他にも「鏑は海へ入りければ、扇は空へと上がりける」という対句表現がある。

国語 解答